もく

本書に関する最新情報は，当社ホームページにある**本書の「サポート情報」**をご覧ください。(開設していない場合もございます。)

1 言葉の意味

標準クラス

1 次の語句の意味をあとから選び、記号で答えなさい。

(1) たかをくくる（　　）
(2) けりがつく（　　）
(3) ふにおちない（　　）
(4) さじをなげる（　　）
(5) かたずをのむ（　　）

ア とちゅうでやめる。あきらめる。
イ ばかにする。あまくみる。
ウ ものごとの結末がつく。
エ 仕事にうちこむ。
オ なるほどと思えない。
カ 傷《きず》がつく。
キ あらあらしい動作をする。
ク 息をおさえ、ことのなりゆきを見守る。

2 例にならって、次の――線の意味の言葉をあとから選び、漢字に改めて書きなさい。

例 これは、リンカーンの一生を書きつづった本だ。（伝記）

(1) すぐれた書物を読めば読むほど、人の心は豊かになっていく。（　　）
(2) 高速道路は、自動車だけが使う道路である。（　　）
(3) 交通事故の統計表をもとに、じっさいのありさまを調べる。（　　）
(4) 日本は、石炭や石油などの生産活動のもとになるものがとぼしい。（　　）
(5) 気の弱いぼくは、客の相手になってうけこたえすることが苦手だ。（　　）
(6) その老人の暮《く》らしは、人々の温かい親切な気持ちに支えられている。（　　）

しげん　じっち　でんき　ぜんい
おうたい　しりょう　しょうたい
せんもん　せんよう　じったい
でんせつ　めいちょ　ゆうめい

答え➡別冊1ページ

3

次の文章は校内放送の原稿《げんこう》です。――線「恒例《こうれい》の」という言葉は、聞いたときに意味がわかりにくいので、同じ意味の他の言葉にかえたいと思います。あとから選び、記号で答えなさい。（　　）

「十一月の第一週は美化週間です。恒例の『校内クリーン作戦』を月曜日から始めます。」

ア よい例である　イ きまって行われる
ウ 週一回の　エ 学校で行われる

4

あとにあげる語はいずれも、時に関係のあるものです。これらの語を、「過去・現在・未来」という基準と「年・月・週・日」という単位によって分けます。（　）に入る言葉をあとから選び、記号で答えなさい。

過去 → 現在 → 未来	年	月	週	日
過去	おととし ⓐ（　）	先々月《せんせんげつ》	先々週《せんせんしゅう》	おととい ⓑ（　）
	昨年 去年	ⓒ（　）	ⓓ（　）	昨日
現在	今年 本年	今月	ⓔ（　）	本日 ⓕ（　）
	来年	ⓖ（　）	来週	明日
未来	再来年《さらいねん》	再来月《さらいげつ》	ⓗ（　）	明後日《みょうごにち》 ⓘ（　）

ア 今週　イ あさって　ウ 一昨日《いっさくじつ》
エ 先週　オ 来月　カ 一昨年《いっさくねん》
キ 再来週　ク 今日　ケ 先月

5

次の(1)・(2)の文に続くものをあとから選び、記号で答えなさい。

(1) 盲導《もうどう》犬の一生をえがいたこの物語は、読む人を……（　　）

ア 感動させずにはおかない。
イ 感動させられずにはすまない。
ウ 感動せずにはいられない。

(2) クラブ活動の練習に熱中しすぎて、……（　　）

ア 勉強のほうがお留守になるようではいけない。
イ 勉強のほうが大切に思えるようになったらしい。
ウ 勉強のほうも手をぬかずに努力してほしい。

6

次の――線「とんでもない」「断固として」の意味をあとから選び、記号で答えなさい。

(1) これはとんでもないというので調べました。（　　）

ア あてにならない　イ おもしろくない
ウ あってはならない　エ 手ごたえがない

(2) 浜に上がったクジラは海にもどしても、断固として陸の方へ進みました。（　　）

ア 固い決意をもって行うさま
イ 自分勝手に行うさま
ウ すなおにしたがわないさま
エ さまたげになるものがないさま

1 言葉の意味

ハイクラス

時間 30分
合格 80点
得点 点

答え◎別冊1ページ

1 次の――線の言葉の意味をあとから選び、記号で答えなさい。(24点/一つ8点)

(1) お寺の境内《けいだい》を、何時間ものべつ幕《まく》なしに台本のせりふを口に出して、暗記しながら歩いた。（　）

ア あきもしないで長々《ながなが》と
イ 緊張《きんちょう》しながらもくもくと
ウ 休む間もなく続けて
エ けんめいに心を集中して
オ よどみなくすらすらと

(2) 場内はあっけにとられて、水を打ったようにしんとしていた。（　）

ア 緊張をほぐそうとして
イ おどろきあきれて
ウ ひそかに敵意《てきい》をいだいて
エ 期待に胸おどらせて
オ わけがわからず興ざめして

(3) 雪枝《ゆきえ》はつかつかと近づいてきた。（　）

ア まわりに気配りしながら
イ おどろきあわてて
ウ ためらうことなく
エ あらあらしくおこって
オ ゆうゆうとものおじせず

〔久留米大附中―改〕

2 次の言葉の意味をあとから選び、記号で答えなさい。(16点/一つ8点)

(1) 不服（　）

ア 不満に思うこと
イ 残念に思うこと
ウ 不安に思うこと
エ 不思議に思うこと
オ うそだと思うこと

(2) 思いあぐねる（　）

ア 考えをあらためる
イ 悲しみにくれる
ウ 考えがいきづまる
エ 気合を入れる
オ はっきり決める

〔育英西中〕

3 次の(1)〜(5)の言葉は、主にどのような意味で用いられますか。あとから選び、記号で答えなさい。(20点/一つ4点)

(1) テーマ（　）
(2) コスト（　）
(3) アイディア（　）
(4) クレーム（　）
(5) モラル（　）

ア 道徳
イ 費用
ウ 現実
エ 考案
オ 苦情
カ 主題
キ 手段
ク 品質

〔関東学院中〕

4 ある種の言葉には、同じもので二通りの使い方があります。たとえば、「事実」という言葉は、

① 「だれの言葉が正しいか、事実を明らかにしなければならない。」

② 「君たちが信じなくても、ぼくは事実この目で見たのだ。」

というように使われています。

次の——線の言葉の使い方で、②の使い方にあたるのは、それぞれア・イのどちらですか。記号で答えなさい。（24点／一つ8点）

(1)

ア 試験と聞いただけで自然、体がきんちょうしてくる。

イ 日本人は昔から美しい自然に包まれるように生きてきた。

（　　）

(2)

ア みんなからきらわれても当然といえば当然だ。

イ 彼《かれ》が残した財産は、当然妻である彼女《かのじょ》のものになると思われた。

（　　）

(3)

ア すぐれた芸術家は、実際大人になっても子どもの心を失っていないものだ。

イ 私《わたし》が子どもだったころ、川は実際よりもかなり大きく思えた。

（　　）

〔愛光中—改〕

5 次の——線「生」「風」はどのような意味で使われていますか。次から選び、記号で答えなさい。また、あとのA〜Cではどのような意味で使われていますか。同じく次から選び、記号で答えなさい。（16点／一つ2点）

(1) 「飛行機が飛ぶ周りの空気には乱《みだ》れが生じます。」（　　）

ア 不十分である

イ 命を保つ・成長する

ウ 起こる・起きる

エ 持ち味が引き出される

A 羊は草だけを食べて生きる動物だ。（　　）

B このケーキはまだ生焼けだね。（　　）

C 塩加減一つで料理が生きる。（　　）

(2) 「飛行機は風に向かって飛行場を飛び立ち、風に向かって飛行場に降《お》りてきます。」（　　）

ア 流れ・傾向《けいこう》

イ おもむき・あじわい

ウ ならわし・しきたり

エ 空気の流れ

A 風流な庭を見る。（　　）

B 昔ながらの風習を守る。（　　）

C 新聞で社会の風潮《ちょう》を知る。（　　）

〔賢明女子学院中—改〕

2 文のきまり

標準クラス

答え 別冊2ページ

1 次の文の①主語と、②述語はどれですか。記号で答えなさい。

(1) ア日本の イ土を ウ一歩 エふんだ オときから、カかれは、キすっかり ク日本の ケとりこに コなった。

①（　　）②（　　）

(2) ア日本の イ文化や ウ日本人の エものの オ考え方などに カついて、キきびしい ク忠告を ケくれた コ外国人も サいた。

①（　　）②（　　）

2 次の文と同じ組み立ての文をあとから選び、記号で答えなさい（同じ記号を使ってもかまいません）。

(1) 私《わたし》が育った所は、城下町です。（　　）

(2) めずらしい地層《ちそう》があちこちにある。（　　）

(3) 声もよくとおるし、演奏《えんそう》も上手だ。（　　）

(4) 行列ができている建物は、税務署《ぜいむしょ》ですか。（　　）

(5) 休日が続いたので、私は郷里《きょうり》に帰った。（　　）

(6) ここは、私がいつも通っているピアノ教室です。（　　）

ア すずしい風がふく。

イ 秋は、ぼくが好きな季節だ。

ウ 風もふくし、雨も降《ふ》る。

3 次の――線の言葉と同じ意味の言葉をあとから選び、記号で答えなさい。

(1) テーブルの上にこぼれている白いものは砂糖《さとう》のようだ。（　　）

(2) 裏山《うらやま》の大きな切り株《かぶ》のそばに、泉《いずみ》がわき出ているという。（　　）

(3) 食糧《しょくりょう》を確保するために、水産資源《しげん》の保護が必要である。（　　）

(4) いつか、この秘密《ひみつ》が解き明かされる日が来ようか。（　　）

ア　あの建物が学校だ。
イ　あの建物が学校らしい。
ウ　あの建物が学校だそうだ。
エ　あの建物が学校だろうか。

4　次の文の――線部と同じ使われ方をしているものをあとから選び、記号で答えなさい。

(1)　私は映画を見るのが好きです。（　　）
ア　ぼくの最も尊敬《そんけい》する人物は父だ。
イ　姉は県庁《けんちょう》の職員です。
ウ　妹は注射《ちゅうしゃ》をされるのがきらいだ。
エ　郵便《ゆうびん》切手はどこにあるの。

(2)　小さいおおかみが、大きい羊を追いかける。（　　）
ア　兄が高校に入学した。
イ　空は灰色《はいいろ》にくもっているが、雨は降らないそうだ。
ウ　今日は風もふくが、雨までも降った。
エ　だいぶつかれてきた。が、がんばるよ。

5　次の文の（　）には、それぞれ――線の言葉を受ける言葉が入ります。その言葉をあとから選び、記号で答えなさい（同じ記号は使えません）。

(1)　たとえ反対する人が多く（　　）、正しいと信じることは、はっきりと主張するようにしよう。

(2)　小切手や株券《かぶけん》などに金額を書くとき、なぜ、「一、二、三」の代わりに、「壱《いち》、弐《に》、参《さん》」のような難《むずか》しい漢字を使うの（　　）。

(3)　空が真っ黒になり、風も出てきた。多分大あらしになる（　　）。

(4)　そんなに興奮《こうふん》しないで、どうか落ち着いて話を聞いて（　　）。

(5)　まるでいもを洗《あら》う（　　）混雑ぶりだ。

ア　ください　　イ　だけ　　ウ　だろう
エ　だろうか　　オ　ても　　カ　ような

6　次の文の〰〰線「まさか」は、どの――線にかかりますか。記号で答えなさい。（　　）

まさか、ア服装《ふくそう》や、髪型《かみがた》などに必要以上にイ神経を使う行為《こうい》が、ウ自分をみがくこととは、エ思っていないだろうが、見かけより中身にオ目を向けてほしい。

2 文のきまり

ハイクラス

時間 30分　合格 80点　得点　点

答え○別冊3ページ

1 次の文の主語はどれですか。記号で答えなさい。（20点／一つ5点）

(1) ア元気な　イ声が　ウはっきりと　エ聞こえる。（　　）

(2) アようやく　イ真実も　ウ明らかに　エなった。（　　）

(3) ア私《わたし》こそ　イ一年三組の　ウ新しい　エ学級委員です。（　　）

(4) アむずかしいですね、イ今日の　ウ問題は。（　　）

2 次の文の解答らんに合う言葉をひらがなで書き入れて、文を完成させなさい。（16点／一つ4点）

(1) もしもピアノがひけ［　　］よかったのになあ。

(2) もう夜もおそいので、まさか客が来ることはある［　　］。

(3) あたりが暗くなった［　　］、弟は外で遊んでいた。

(4) たとえ失敗し［　　］よいから、やってみよう。

〔共立女子第二中〕

3 次の文の——線のはたらきは、あとのア〜オの——線のどのはたらきと同じですか。記号で答えなさい。（15点／一つ3点）

(1) あれは私が通った小学校です。（　　）

(2) 母の兄弟は、兄が医者で弟は教師です。（　　）

(3) 姉が見る夢、それは金メダルをとることです。（　　）

(4) 天気がいいので、せんたく物がよくかわきます。（　　）

(5) 山々の頂《いただき》はまだ白くかがやいています。（　　）

ア 鳥やうさぎも寒そうです。

イ 平和、それは人類の願いです。

ウ きれいな花がさくでしょう。

エ まだ宿題がたくさん残っています。

オ 呼んでみたけれど、だれもいませんでした。

〔共立女子第二中〕

4 「その身のこなしは軽く、見ていてすこしもあぶなくない。」の中にある「すこしも〜ない」のように、あとに続く言葉が決まっている言葉があります。次の文の（　）

に、――線の言葉のあとに続く言葉をひらがなで書き入れなさい。（15点／一つ3点）

(1) けっしてうそをつか（　　）。

(2) おそらく晴れる（　　）。

(3) どうしてきみは行くの（　　）。

(4) たとえ晴れ（　　）出かけない。

(5) まるで白い雪の（　　）。

〔聖母女学院中―改〕

5 次の文の〰〰線の言葉は、それぞれどの――線にかかりますか。記号で答えなさい。（10点／一つ5点）

(1) ヒグマは、そののち穴《あな》の近くの限られたところを歩きだす。脚《あし》のトレーニングらしく、まるで アスローモーションの イフィルムでも ウ見るように、エおそろしくゆっくり オ一歩、また一歩と カ足を運んでいくそうだ。（　　）

(2) 斜面《しゃめん》の踏《ふ》み道にかかると、きまって ア先回りしたように イ足あとが ウあって、エ気がつくと オ歩きやすいところを カヒグマと キ共有していた。（　　）

（池内《いけうち》　紀《おさむ》「森の紳士《しんし》録」一部変更《へんこう》したところがあります。）

6 次の文の説明として適切なものをあとから選び、記号で答えなさい。（16点／一つ4点）

(1) 森の外れで、ツグミが鳴いています。（　　）

(2) 父はたばこを吸《す》うが、酒は飲まない。（　　）

(3) 春はきたけれども、寒さはまだ厳《きび》しい。（　　）

(4) 暖《あたた》かい、よく晴れた日でした。（　　）

ア 主語がない文。

イ 主語が一つ、述語が一つの文。

ウ 主語が一つ、述語が二つの文。

エ 主語・述語の組が二組ある文。

〔共立女子第二中―改〕

7 次の(1)・(2)の――線の言葉について、はたらきのちがうものを次から選び、記号で答えなさい。（8点／一つ4点）

(1)（　　）

ア あいさつを心がけなくてはならない。

イ まったくおもしろくない番組だ。

ウ わたしはあの人について何も知らない。

エ 無断外出は認《みと》めない決まりだ。

(2)（　　）

ア 中学生らしい服装《ふくそう》をしてほしい。

イ 今夜は雪が降《ふ》るらしいね。

ウ 学校で何かあったらしい様子だ。

エ これは人の足あとらしい。

〔鎌倉女子大中〕

3 指示語・接続語

標準クラス

答え◎別冊3ページ

1 次の文の（　）に入る接続語（つなぎ言葉）をあとから選び、記号で答えなさい（同じ記号は使えません）。

(1)（　）、あなたはこれからどうしますか。

(2) それもよい。（　）こっちのほうがもっとよい。

(3) きのうは雨でした。（　）一日中家で本を読んでいました。

(4) 父が帰ってきた。（　）、まっていたかのようにみんなが集まってきた。

(5) これから映画《えいが》に行きますか。（　）家に帰りますか。

ア また　**イ** それとも　**ウ** だから　**エ** すると
オ すなわち　**カ** ところで　**キ** しかし

2 次の文章の（Ａ）・（Ｂ）に入る言葉をあとから選び、記号で答えなさい。

現在の花火は、そのころとは比べものにならないくらい美しくなっています。赤・緑・黄・白と色とりどりであり、かがやきもマグネシウム・アルミニウムなどを使って、ネオンにかがやく都会の空でも、十分に目を引くほどはなばなしくなってきています。（Ａ）今では、日本古来の打ち上げ花火に混じって、花火大会の山場で、こうした欧米《おうべい》式の色あざやかな花火やロケット式が多く用いられるようになっています。（Ｂ）、花火の美しさは、なんといっても日本古来の打ち上げ花火が最高でしょう。

ア しかし　**イ** それなら　**ウ** だから
エ つまり　**オ** ところで

Ａ（　）　Ｂ（　）

3 次の文章の（Ａ）・（Ｂ）に入る言葉をあとから選び、記号で答えなさい。

日本の大きな寺院では、五重のとうを見かけることがある。五重のとうが地しんや強風でたおれたという話はめったに聞かない。なぜ、五重のとうは地しんや強風に強いのだろうか。五重のとうは、木造の建物である。自然の樹木《じゅもく》は、少し曲げたくらいでは折れない。この折れないで曲がる性質を「しなやかさ」というが、木材にもその性質は残っている。

また、五重のとうは、小さな木材を組み合わせてできあがっている。中心の柱以外は、二つの階にわたって通してある柱はなく、一階ごとに独立の、（　A　）かなり複雑な木組みを作って、のせてあるだけである。（　B　）、各階はたがいにかたく結び付けられないで、全体としては、適当なしなやかさをもてるのである。

ア しかし　**イ** したがって　**ウ** さて
エ しかも　**オ** たとえば　**カ** それとも

A（　　）B（　　）

4 次の文章の――線「この」は、どんなことを指していますか。本文中の言葉を用いて書きなさい。

水を飲むことの好きな須田《すだ》さんはヨーロッパ旅行中、生水が飲めなくて弱ったらしい。須田さんの大げりの原因は人からもらった下剤《げざい》にあると須田さんはいうのだが、一説では、パリのホテルで、湯の出るカランをひねって、その湯を大いに飲んだらしい。湯だからいいという説をいう人がいて須田さんはそれを信じた。そのことも原因の一つになっているらしい。このため、水にはうらみがある。

（　　　　）

5 次の文章の――線①・②の言葉は、それぞれどんなことを指していますか。本文中の言葉を用いて書きなさい。

「地球はせまくなった」ということがよくいわれる。これは、いうまでもなく、交通機関、特に航空機の発達によって、遠いところへも短時間で行けるようになり、きょり感が縮《ちぢ》まったという意味である。しかし、地球がせまくなったのは、①そのためばかりではない。通信や報道機関の進歩によって、遠い国々の様子や情報を、いちはやく、しかも容易に知ることができるようになり、世界が身近なものとして感じられるようになったことも見のがすことはできない。刻々《こくこく》と変化していく世界や国内の政治・経済《けいざい》・文化などの情勢や、新しく起こった事件などについて、豊富な情報をすばやく提供《ていきょう》してくれるのが、新聞・ラジオ・テレビなどの報道機関である。新聞・ラジオ・テレビには、教養や娯楽《ごらく》などに関する記事や番組ももりこまれているが、なんといっても、新しい情報、つまり、ニュースの伝達ということが、②その最も大きな機能なのである。

①（　　　　）

②（　　　　）

1 次の文の（　）に入る接続語をあとから選び、記号で答えなさい（同じ記号は使えません）。（40点／一つ10点）

(1) Ａ君はとてもやさしい。（　）、だれからも好かれている。

(2) 夕方、急に雨が降《ふ》り出した。（　）、かみなりまで鳴りだした。

(3) 仕事もきどうに乗った。（　）ひとつ新規開店の相談に乗ってもらいたい。

(4) 学校まで遠いので、電車（　）バスを利用する。

ア ただし　イ または　ウ しかし　エ そこで
オ 一方　カ だから　キ そのうえ

〔久留米大附中—改〕

2 次の文章の（Ａ）～（Ｃ）に入る言葉をあとから選び、記号で答えなさい。（30点／一つ10点）

（Ａ）熟語《じゅくご》問題を三つ。「幼《おさな》い虫を熟語で何というでしょう」「売ったり買ったりすることは？」「顔を洗《あら》うことは？」。六年生のみんなはすぐできましたね。答えは「幼虫《ようちゅう》」「売買」「洗顔《せんがん》」です。「こういうことばならできちゃうよ」と子どもたち。「組み合わせれば熟語になることばでしょ。『電車』」と、タスク君がいったら、すかさずミチオ君が「電車男《でんしゃおとこ》」。みんな大笑い。映画やドラマになったけど、奇抜《きばつ》な命名ですね。つくった人の造語能力はすばらしい。

（Ｂ）、映画《えいが》は「公開する」といいますが、「未公開の映画」と「非公開の映画」、どちらの映画がまったく見られないでしょうか。「未」は「まだ……でない」、「非」は「……ではない」「……でない」ということ。だから、未公開は「まだ公開しない」、非公開は「公開しない」で、まったく見られないのは「非公開の映画」です。このように、ことばの頭に一字つく語を「帽子《ぼうし》のことば」と教えました。（Ｃ）接頭語です。

Ａ（　）Ｂ（　）Ｃ（　）

ア ところで　イ まずは　ウ つまり　エ しかし

〔麹町学園女子中〕

3 次の文章を読んで、あとの問いに答えなさい。（20点／一つ10点）

私《わたし》たちは、ものを考えるときに、口に出して言わなくても、ことばによってものを考えます。たとえば海辺に立って沖《おき》をながめているとき、きれいな船が通っているとしましょう。

「きれいな船が通っているなあ。」と、あなたは心の中で考えるでしょう。もし「きれいな」「船」「通っている」というようなことばを知らないとしたら、いったい、あなたがたは何を考えることができるでしょう。もちろん目にうつっているのですから、何か感じたかもしれません。（　　）、それは「考える」というものではないでしょう。目に見えるものでも、それを考えるためには、ことばがいるのですから、まして、目で見たり、手でさわったりできないようなものについて考えるときは、ことばがなければ、まったく考えることはできないでしょう。

たとえば、わたしたちは、「明るい社会をきずくためには、ひとりひとりの人間の美しい心と、健康なからだとがたいせつだ。」などと考えることができます。それは、「社会」「心」「美しい」「たいせつだ」ということばを使うことができるからです。

(1) （　　）に入る言葉を次から選び、記号で答えなさい。（　　）

ア だから　イ しかし　ウ そこで　エ そして

(2) ――線「それ」の指している内容を、本文中の言葉を用いて書きなさい。

（　　）

4 次の文章の――線「これ」の指す内容として**適切でない**ものを、あとから選び、記号で答えなさい。（10点）（　　）

大西洋の中央には、巨大な山脈が連なっており、それは、中央海嶺《かいれい》と名づけられた。その後の調査で、中央海嶺ではマグマが噴《ふ》き出していることがわかった。さらに、噴き出した溶《よう》岩《がん》が固まって、大陸までつづく広い海底をつくっていることがわかった。そして、最も古い溶岩は、北アメリカ大陸とアフリカ大陸の近くの海底にあった。いずれも二億年以上も前、ほぼ同じ時期にできた溶岩である。つまり、大西洋の海底は、中央海嶺から東西に向けて順々に古くなり、最後に大陸にゆきつくということがわかったのである。

これはおどろくべき結果だった。中央海嶺を中心として、東と西にちょうど同じ割合《わりあい》で、海底が離《はな》れていったというのである。

ア 大西洋の中央には、巨大な山脈があり、マグマが噴き出していること。

イ 最も古い溶岩は、北アメリカ大陸とアフリカ大陸の近くの海底にあったこと。

ウ 北アメリカ大陸とアフリカ大陸の近くの海底の溶岩は、ほぼ同じ時期にできたこと。

エ 大西洋の海底は、中央海嶺から東西に向けて順々に古くなり、最後に大陸にゆきつくこと。

4 慣用句・ことわざ・故事成語

標準クラス

1 次のことわざの組み合わせは、あとのア・イのどちらの特色をもっていますか。記号で答えなさい。

(1) ① ぬかにくぎ／のれんにうで押《お》し　（　　）
② 立つ鳥あとをにごさず／あとは野となれ山となれ　（　　）

ア たがいに似た意味である。
イ たがいに反対の意味である。

(2) ① ちりも積もれば山となる／千里の道も一歩から　（　　）
② 早起きは三文《さんもん》の得／失敗は成功のもと　（　　）

ア 五七調である。
イ 七五調である。

2 次の文章の（ A ）～（ C ）に入ることわざをあとから選び、記号で答えなさい。

「（ A ）」ということばを聞いたことはありませんか。「急ぐときには回り道をしろ」というのですから、変な話です。しかし、これは「急ぐときには、危険《きけん》な近道をするより、回り道でも安全な本道《ほんどう》を行け」ということであり、安全で確実な方法のほうが結局は早いということを、短いことばで言ったものです。このようなことばをことわざといいます。

となり近所の人が、家の前などで顔を合わせると、まず、お天気の話などが出てくるものです。むかしは、天気が毎日の仕事に深く関係していましたので、天候の話をすることは、生活に必要なことでもありました。このような、天候についての情報を簡潔《かんけつ》に表現するようなことわざとしては、たとえば、「（ B ）」などがあります。

また、教訓を伝えながらも、人を笑わせるようなおもしろさをもつことわざもあります。たとえば、「（ C ）」ということわざは、自分の子どもについてけんそんして言う場合などに、よく使われます。

A（　　）　B（　　）　C（　　）

答え◎別冊5ページ

ア 雨降《ふ》って地固《じ》まる
イ 急がば回れ
ウ 暑さ寒さも彼岸《ひがん》まで
エ うりのつるになすびはならぬ
オ 転ばぬ先のつえ
カ とびが鷹《たか》を生む

3 次のことわざや故事成語の意味をあとから選び、記号で答えなさい。

(1) すずめ百までおどりわすれず （　）
(2) 捨《す》てる神あれば拾う神あり （　）
(3) 能ある鷹はつめをかくす （　）
(4) 水清ければ大魚なし （　）
(5) 桃栗《ももくり》三年柿《かき》八年 （　）

ア あまりにも潔ぺきで、するどすぎる人は、他人に親しまれず、孤独《こどく》になるという意味。
イ 同じ意味のことわざは、「三つ子のたましい百まで」。
ウ 指図する人が多すぎるとまとまりがつかず、うまくいかないという意味。
エ 本当に実力ある者は、ふだん、必要がないときには力を示さないという意味。
オ 他人に非難《ひなん》されたり見はなされたりしても、くよくよしないように、とはげますときなどに使う。
カ 転じた意味は、しんぼう強くあるように、ということ。

---

4 次の慣用句の意味をあとから選び、記号で答えなさい。

(1) たらい回し （　）
(2) 水くさい （　）
(3) 手練《てれん》手管《てくだ》 （　）
(4) 手前みそ （　）
(5) ふがいない （　）
(6) 元の木阿弥《もくあみ》 （　）
(7) しのぎをけずる （　）

ア 親しい者だけしかその場にいないこと。
イ ある物事を次々《つぎつぎ》と他におしつけ、受けわたすこと。
ウ 親しい関係なのによそよそしいこと。
エ 思うままに他人をだます技術や手段のこと。
オ はげしく戦うこと。
カ 一時栄えたものが元の状態にもどること。
キ じまんをすること。
ク だらしがないほど、いくじがないこと。

4 慣用句・ことわざ・故事成語

ハイクラス

時間 30分　合格 80点　得点　　点

答え▼別冊6ページ

1 次のことわざと似たような意味をもつことわざをあとから選び、記号で答えなさい。（8点／一つ2点）

(1) 弘法《こうぼう》も筆の誤《あやま》り　（　　）

(2) 念には念を入れよ　（　　）

(3) 雲泥《うんでい》の差　（　　）

(4) 他山の石　（　　）

ア 人のふり見てわがふり直せ

イ 月とすっぽん

ウ さるも木から落ちる

エ 一石二鳥

オ 石橋をたたいてわたる

カ 釈迦《しゃか》に説法

キ となりの花は赤い

〔久留米大附中〕

2 次の□に漢数字一字を書き入れて、ことわざや故事成語を完成させなさい。さらに、それぞれの意味をあとから選び、（　）に記号で答えなさい。（20点／一つ2点）

(1) 一寸《いっすん》の虫にも□分のたましい　（　　）

(2) 五十歩□歩　（　　）

(3) 七転び□起き　（　　）

(4) 百聞は□見にしかず　（　　）

(5) 十人□色　（　　）

ア 何度も人から聞くより、一回自分で見た方が確実であること。

イ 悪いことは、はるか遠くまでもすぐに伝わること。

ウ どんなに弱小な者でも、それ相当の意地も思慮《しりょ》もあるので、決してばかにしてはならないこと。

エ 失敗や苦難《くなん》にくっせず、立ち直って努力すること。

オ つらいことに負けず、長いことたえしのぶこと。

カ 人によって考えや好みが異《こと》なること。

キ 似たりよったりで、あまり差がないこと。

〔鎌倉学園中―改〕

3 次のことわざの意味をあとから選び、記号で答えなさい。（8点／一つ2点）

(1) 立て板に水　（　　）

(2) 海老《えび》で鯛《たい》を釣《つ》る　（　　）

(3) 枯木《かれき》も山のにぎわい　（　　）

(4) 焼け石に水　（　　）

ア　少しのものを使って多くの利益を得ること。
イ　つまらないものでも、ないよりましであること。
ウ　すらすらとなめらかに話をする様子。
エ　少しの助けではまにあわないこと。

〔鎌倉女子大中〕

4　次の文の（　）には、体の一部を表す言葉が入ります。その言葉をあとから選び、記号で答えなさい。（20点／一つ4点）

(1)　今年の夏休みに東京まで（　）をのばしてみた。
(2)　かくし事をせず、（　）をわって話し合おう。
(3)　あの人は高い学歴を（　）にかけるところがある。
(4)　対戦相手は強いので、（　）を借りるつもりで試合にのぞんだ。
(5)　バスの中でさわぐとは、（　）にあまる行動だ。

ア　顔　　イ　首　　ウ　腹　　エ　胸
オ　頭　　カ　足　　キ　目　　ク　鼻

〔金蘭千里中〕

5　次の□に動物の名前をひらがなで書き入れて、ことわざや故事成語を完成させなさい。さらに、それぞれの意味をあとから選び、（　）に記号で答えなさい。（24点／一つ3点）

(1)　□に小判　（　）
(2)　とらぬ□の皮算用　（　）
(3)　泣きっつらに□　（　）
(4)　□の威《い》を借るきつね　（　）

ア　才能のある親が、子どもを幼いときから訓練すること。
イ　手に入るかどうかわからないうちから、あてにすること。
ウ　悪いことで弱っている上に、さらに悪いことが重なること。
エ　弱い者が強い者の権勢《けんせい》をうしろだてにしていばること。
オ　貴重《きちょう》なもののありがたみがわからないこと。
カ　名人でも時には失敗すること。

〔関東学院中―改〕

6　次の慣用句の――線の語と最も近い意味で用いられているものをあとから選び、記号で答えなさい。（20点／一つ5点）

(1)　足をのばす　（　）
　ア　足が棒になる　　イ　足が出る
　ウ　足が遠のく　　エ　足の便が悪い
(2)　顔が立つ　（　）
　ア　顔がそろった　　イ　合わせる顔がない
　ウ　顔が広い　　エ　顔を洗う
(3)　目がきく　（　）
　ア　目がくもる　　イ　目から鼻にぬける
　ウ　目がでる　　エ　目に留まる
(4)　頭がかたい　（　）
　ア　頭からまちがう　　イ　頭をひねる
　ウ　頭をそろえる　　エ　頭をまるめる

〔洛星中〕

チャレンジテスト①

答え→別冊7ページ

時間 40分　合格 80点　得点　点

1 次の（　）に入る言葉をあとから選び、その文にあてはまる形にして書きなさい。（24点／一つ6点）

(1) 江戸《えど》時代の末、長崎《ながさき》でシーボルトに教えを（　　）だ弟子《でし》の中から多くのすぐれた人材が出た。

(2) テストを前にして、私《わたし》の心は不安が（　　）ばかりだった。

(3) 宝くじに当たったんだって。ぼくも（　　）たいね。

(4) 足にけがをしている友だちを、どうしたら修学旅行に連れていけるか、クラス全員で心を（　　）た。

あやかる　たしなめる　くつがえす
あおぐ　つのる　くだく

〔愛光中―改〕

2 「インテリア」は漢字の熟語《じゅくご》では「内装《ないそう》」と表現することができます。次の外来語を漢字の熟語で表現するとどうなりますか。□に適切な漢字一字を補《おぎな》って、正しい熟語を作りなさい。（18点／一つ3点）

(1) プラン→□画

(2) クラシック→□典

(3) レポート→□告

(4) フライト→□行

(5) ハーモニー→調□

(6) ポスト→□位

〔灘中〕

3 次の文には、文法上正しくないところがあります。その理由をあとから選び、記号で答えなさい。（18点／一つ3点）

(1) 「まさか泣くと思ったのに。」と彼《かれ》は不思議そうな顔をしていました。（　）

(2) 私の子どものころからの夢は、パイロットになりたい。（　）

(3) 父はどろだらけになって逃《に》げ回るポチを追いかけました。（　）

(4) 日曜日はいつもテレビを見たり、ゲームをして遊んでいます。（　）

(5) 先生が私に申し上げなさったことは、母がいつも申すことです。（　）

(6) 彼は青色な目をしている。（　）

ア どの語がどの語にかかっているかあいまいな文である。

イ 主語と述語の関係が食いちがっている。

ウ 前後の語句が一定のきまりでたがいに関係し合っていない。

エ 敬語《けいご》があやまっている。

オ 物の名前を表す言葉で状態を表そうとしている。

カ ことがらを並《なら》べていうときの正しい用い方ではない。

〔洛星中―改〕

4 次の文章の（Ａ）～（Ｃ）に入る言葉の組み合わせをあとから選び、記号で答えなさい。（15点）（　　）

この市民階級が参加して行う政治が民主政治（デモクラシー）であり、これをもたらした一八世紀後半の市民革命《かくめい》とは政治の大衆化《たいしゅうか》のはじまりです。近代憲法《けんぽう》はこの市民革命のさい、市民の権利《けんり》を守るために誕生《たんじょう》しました。（Ａ）近代憲法が民主政治の担《にな》い手《て》として想定したのが市民階級の人々です。（Ｂ）一九世紀以降《いこう》、普通選挙《ふつうせんきょ》の実施《じっし》に伴《ともな》って政治の大衆化がさらに進むと、市民意識をもたない人々にまで選挙権《せんきょけん》が与《あた》えられ、政治に参加する資格をもつようになりました。現代の民主政治は憲法の想定しなかった人々まで巻《ま》き込《こ》んで行われています。これが民主政治のブレを大きくしているといわざるをえません。

例をあげると現在の新聞は中学生以上のすべての国民に読まれているという大前提に立って作られています。（Ｃ）新聞も憲法同様、市民革命とともに誕生したからです。新聞の読者は市民革命を起こし、新しい民主政治の担い手となった市民階級の人々でした。

（長谷川《はせがわ》櫂《かい》「文学部で読む日本国憲法」一部変更《へんこう》したところがあります。）

ア Ａ さらに　Ｂ やはり　Ｃ それに
イ Ａ そして　Ｂ ところが　Ｃ なぜなら
ウ Ａ さて　Ｂ つまり　Ｃ しかも
エ Ａ なお　Ｂ そして　Ｃ それから

〔立命館慶祥中―改〕

5 次の文の意味が通じるように、（　）に入る語句をあとから選び、記号で答えなさい。（25点／一つ5点）

(1) 新聞を毎日読むと、世の中の動きもわかり、言葉の勉強にもなるので、（　　）だ。
ア 一石二鳥　**イ** 十人十色
ウ 二人三脚《きゃく》　**エ** 一長一短

(2) クラスのみんなは、その計画に（　　）に反対した。
ア 以心伝心　**イ** 公明正大
ウ 異口同音《いくどうおん》　**エ** 自画自賛

(3) 先生は、君の将来《しょうらい》を思ってきびしく注意してくれているんだ。（　　）と言うじゃないか。
ア 寝耳《ねみみ》に水　**イ** 馬の耳に念仏
ウ 出るくいは打たれる　**エ** 良薬は口に苦し

(4) せっかく二人で楽しく話しているのに、途中《とちゅう》で（　　）ようなことはやめてくれ。
ア お茶をにごす　**イ** 水をさす
ウ ふるいにかける　**エ** さじを投げる

(5) 彼《かれ》は弁論《べんろん》大会で（　　）ようにすらすらと話した。
ア 石橋をたたいて渡《わた》る　**イ** 立て板に水を流す
ウ 火に油をそそぐ　**エ** 歯に衣《きぬ》をきせぬ

〔愛光中―改〕

5 展開をつかむ

標準クラス

答え 別冊7ページ

1 次の文章を読んで、あとの問いに答えなさい。

《横浜《よこはま》の西洋人ばかり住む町の学校で、絵をかくことがすきな「ぼく」は、級友ジムが持っていた絵の具がほしくなり、自分のポケットにおしこんでしまった。その後、「ぼく」は、運動場でジムやそのほかの級友にジムの絵の具を持っているだろうと問いつめられ、否定《ひてい》した。しかし、絵の具はポケットからつかみだされた。》

もうぼくはだめだ。そんなに思うと、弱虫だったぼくはさびしく悲しくなってきて、しくしくと①泣きだしてしまいました。

「泣いておどかしたってだめだよ」とよくできる大きな子がばかにするような、にくみきったような声で言って、動くまいとするぼくをみんなで寄ってたかって二階に引っぱって行こうとしました。ぼくはできるだけ行くまいとしたけれども、とうとう力まかせに引きずられて、はしご段《だん》を登らせられてしまいました。そこにはぼくのすきな受持《うけもち》の先生の部屋があるのです。

《中　略》

よくできる大きな子が前に出て、ぼくがジムの絵の具を取ったことをくわしく先生に言いつけました。先生はすこしくもった顔つきをしてまじめにみんなの顔や、半分泣きかかっているぼくの顔を見くらべていなさいましたが、ぼくに「それはほんとうですか」と聞かれました。ほんとうなんだけれども、ぼくがそんないやなやつだということを、どうしてもぼくのすきな先生に知られるのがつらかったのです。だからぼくは答える代わりにほんとうに②泣きだしてしまいました。

先生はしばらくぼくを見つめていましたが、やがて生徒たちに向かって静かに「もういってようございます」といって、みんなをかえしてしまわれました。③生徒たちはすこし物足らなさそうにどやどやと下におりていってしまいました。

先生はすこしの間なんとも言わずに、ぼくの方も向かずに、自分の手のつめを見つめていましたが、やがて静かに立って来て、ぼくの肩《かた》の所を抱《だ》きすくめるようにして「絵の具はもう返しましたか」と小さな声でおっしゃいました。ぼくは返したことをしっかり先生に知ってもらいたいので(　　)うなずいて見せました。

「あなたは自分のしたことをいやなことだったと思っていますか」

もう一度そう先生が静かにおっしゃった時には、ぼくはもうたまりませんでした。ぶるぶるとふるえてしかたがないくちびるを、かみしめてもかみしめても泣き声が出て、目からは涙《なみだ》がむやみに流れて来るのです。もう先生に抱かれたまま死んでしまいたいような心持ちになってしまいました。

「あなたはもう泣くんじゃない。よくわかったらそれでいいから泣くのをやめましょう、ね。次の時間には教場に出ないでもよろしいから、私《わたし》のこのお部屋にいらっしゃい。静かにしてここにいらっしゃい。私が教場から帰るまでここにいらっしゃいよ。いい？」とおっしゃりながらぼくを長椅子《いす》にすわらせて、その時また勉強の鐘《かね》がなったので、つくえの上の書物を取り上げて、ぼくの方を見ていられましたが、二階の窓《まど》まで高くはい上がったぶどうづるから、一房《ふさ》の西洋ぶどうをもぎとって、しくしくと泣きつづけていたぼくのひざの上にそれをおいて、静かに部屋を出て行きなさいました。

一時がやがやとやかましかった生徒たちはみんな教場にはいって、急にしんとするほどあたりが静かになりました。ぼくはさびしくってさびしくってしようがないほど悲しくなりました。あのくらいすきな④先生を苦しめたかと思うと、ぼくはほんとうに悪いことをしてしまったと思いました。ぶどうなどはとても食べる気になれないで、いつまでも泣いていました。

（有島武郎《ありしまたけお》「一房の葡萄《ぶどう》」一部変更《へんこう》したところがあります。）

(1) ——線①・②「泣きだしてしまいました」とありますが、それぞれの場面で、自分の盗《ぬす》みを知られてしまった「ぼく」が泣いた理由を次から選び、記号で答えなさい。

①（　）　②（　）

ア 泣くことで相手をおどかして、だまらせたかったから。
イ 秘密《ひみつ》をかくし通すことができず、情けなかったから。
ウ とても不利な状況《じょうきょう》なため、同情をさそいたかったから。
エ すきな人に見そこなわれてしまうだろうと思ったから。
オ 取りかえしのつかないことをしたと、たえられなくなったから。

(2) ——線③「生徒たちはすこし物足らなさそうに」とありますが、生徒たちはどんなことが物足りなかったのですか。説明しなさい。

（　　　　）

(3) （　）に入る言葉を次から選び、記号で答えなさい。

ア 小さく　イ そっと　ウ 深々《ふかぶか》と　エ とつぜん　（　）

(4) ——線④「先生を苦しめた」とありますが、先生が苦しんでいる様子が最もよく表れている一文を本文中から探《さが》し、初めの八字をぬき出しなさい。

□□□□□□□□

〔吉祥女子中—改〕

5 展開をつかむ

ハイクラス①

時間 30分
合格 80点
得点 　点

答え→別冊8ページ

1 次の文章を読んで、あとの問いに答えなさい。

《優希《ゆうき》の占《うらな》いがあたったため、クラスの女子は、優希が幸運を引き寄せるのだと言って、次々に占って欲《ほ》しがった。ケイタ(おれ)は、困《こま》っている優希を助けようと、言葉を発した。》

「そんな占いなんて、でたらめに決まっているだろう。くだらないことで、さわいでいるなよ」

優希をはじめ、そのまわりの女子たち、そしてとなりにいるカズヤまでが、あっけにとられた顔をしてこちらを向いた。やってしまった。あとは(　a　)となれ(　b　)となれだ。

横から急に口をはさまれて、びっくりしたのだろう。優希はまだぼうぜんとしていた。だがほかの女子たちは見る見る表情をけわしくして、おれのほうへ一歩進み出た。その目は極《ごく》悪人を見るようにきびしい。

「もう一度言ってごらんよ、ケイタ」

「あんたには関係のない話でしょ」

さっきまできゃあきゃあ言っていた声とは、似ても似つかないどすのきいた声。ある程度の反発は覚悟《かくご》していたつもりだが、おれは自分のおろかさを呪《のろ》わずにはいられなかった。

「気にしなくていいのよ、優希。ケイタみたいなサッカーバカに、あたしたちの気持ちなんかわかりっこないのよ」

「そうそう。サッカー以外のことは、なんにも知らないやつなんだから」

おれって、女子からそんなふうに言われていたのか……。思いがけない形で、自分の評判を聞くことになってしまった。つらい。あまりに損《そん》な役まわりだ。

「お、おまえ……、急に何言い出すんだよ……、寝《ね》ぼけているんじゃないのか？」

フォローの達人カズヤにも、今のおれを援護《えんご》するのはむずかしいらしい。にらみつけている女の子たちの前で、カズヤらしくもなくおたおたしている。

そのとき、優希と目が合った。もし彼女《かのじょ》が(　A　)こちらを見たら、おれは立ち直れなかったかもしれない。だが優希は問いかけるような瞳《ひとみ》をして、おれの目を(　B　)見ていた。

「あっ、こいつね。ペンケースなくしたもんだから、今日はちょっと気が立っていて……」

すかさずカバーしてくれるのはいいんだが、もう少しましな理由はないのか、カズヤ。おれはそんなことくらいで気が立ったりしないぞ。

「もし、よかったら、どこにあるか占ってやってくれる？」

ばか……！　せっかく占い話からそらそうとしているっていうのに、水の泡《あわ》じゃないか。

優希はしばらくおれの顔を見ていたが、やがて小さな声で言った。
「これは占いなんかではないけれど、今ふっと頭に浮《う》かんだのは、図工室。でなければ、理科室とか音楽室とか……。教室移動をすると、だれでもつい忘《わす》れ物をしてしまうのよね」
①優希のしゃべりかたは、劇《げき》にあるせりふを棒《ぼう》読みしているみたいだった。自分が話していることの中身よりも、おれがなぜ急にあんなことを言い出したのか、その理由に気を取られているようだ。
「図工室、それだ！　おれもそうじゃないかという気がしてたんだ。よし、ケイタ。さがしに行くぞ」
カズヤはわざとらしく明るい声を出した。②そして一刻《いっこく》も早くこの場から退散《たいさん》しようと、おれの腕《うで》をつかんで引っぱった。おれとしても、これ以上ここにはいたくないので、おとなしく連れ去られることにした。

（伊藤《いとう》　遊《ゆう》「ユウキ」）

(1)（ａ）・（ｂ）に入る漢字を一字ずつ書きなさい。（20点／一つ10点）

a（　　）　b（　　）

(2)（Ａ）・（Ｂ）に入る言葉を次から選び、記号で答えなさい。（30点／一つ15点）

ア うらめしそうに　**イ** 誇《ほこ》らしげに
ウ まっすぐに　**エ** 勝手に

A（　　）　B（　　）

(3) ――線①からは、優希のどのような気持ちがわかりますか。次から選び、記号で答えなさい。（25点）（　　）

ア ケイタをかばうために、カズヤに話を合わせて、しばいをしようという気持ち。
イ 占いがでたらめだと言ったケイタに腹《はら》を立て、自分の占いがあたることを証明したいという気持ち。
ウ 本当は占いができないということを、みんなに知られたくないという気持ち。
エ ケイタのペンケースのゆくえより、ケイタが自分を助けてくれた理由を知りたいという気持ち。

(4) ――線②のときのケイタとカズヤの気持ちを次から選び、記号で答えなさい。（25点）（　　）

ア カズヤは場をうまく取り繕《つくろ》うことができず居心地が悪くなり、ケイタは優希を救おうとした計画がうまくいかず、いたたまれなく感じている。
イ カズヤはいつまでも女子と話しているのがいやになり、ケイタはカズヤが決めたことにはいつも逆らうことができないので、ふがいなく感じている。
ウ カズヤは場をかき乱《みだ》したので十分満足しており、ケイタは優希に好意をもっているとみんなに思われたのではないかと、くやしく感じている。
エ カズヤはケイタの忘れ物を早く見つけたいとあせっており、ケイタはどうでもいい事のためにむだな時間を使ってしまったと、怒《いか》りを感じている。

（桜美林中―改）

ハイクラス②

時間 40分　合格 80点　得点　　点

答え◎別冊8ページ

1 次の文章を読んで、あとの問いに答えなさい。

「綿貫《わたぬき》さん、見たよ。弟さんの写真。かわいいねー」

早紀《さき》ちゃんに話しかけられて、心臓《しんぞう》がぴくんと跳《は》ねた。

「プロ野球の選手とかになるかもしれないから、タウントピックスの記事、とっておくことにしたよ」

明るい笑顔《えがお》で言われて①私《わたし》は、ぎくしゃくとうなずいた。

「綿貫さん」

今度はうしろから唯《ゆい》ちゃんに話しかけられた。ハイッとまぬけな返事をしてしまう。

「私も見たよ。ねぇ、タウントピックスに載《の》るのって、どうしたらいいの？　私も載せてもらいたいんだけど、弟に聞いてみてよ。どうやったら載れるのかをさ」

私が困《こま》っておろおろしていると、早紀ちゃんが、

「唯ちゃんも、なんか特技とか得意なこととかで目立てばいいんじゃない？　例えばミニバスケとか絵のコンクールで入賞とか」

②と助け船を出してくれた。唯ちゃんはおもしろくなさそうに、そうだね、とだけ言って行ってしまった。

唯ちゃんは確かに顔はかわいいけど、特にこれといった特技はないと思う。ミニバスケのチームには入っているけど決してうまいとは言えなくて、六年になった今も補欠《ほけつ》だし、絵に関してもあんまりセンスはないと思う。だから早紀ちゃんが言ったことは、ちょっといやみっぽかったかもしれない。

早紀ちゃんは私を見て、にかっと笑った。③ダリアみたいな笑顔。いいなあと憧《あこが》れる。前に家族で行ったダリア園。色とりどりの大きな花は、幾重《いくえ》にも花びらが重なっていて、それは見事で豪華《ごうか》だった。ゴージャスっていう言葉がぴったり。

健介《けんすけ》もダリアみたいに笑う。大きな口でにかっと豪快《ごうかい》に。私もそうしたいとは思うけど、そんなふうに笑うことは到底《とうてい》できなくて、結局ちょっとだけ口の端《は》を持ちあげて、早紀ちゃんに微笑《ほほえ》み返すのが精一杯《せいいっぱい》なのだった。

弟の健介は五月一日生まれ。私は三月二十五日生まれ。四年と六年で学年は二学年違《ちが》うけど、月日で計算したら、一年ちょっとだけしか違わない。私がもう少し遅《おそ》く生まれてたら、五年生だったってこと。

お母さんは予定日どおりに生まれてたらよかったのに、とたまに言う。予定日は四月十日だったそうだ。ちなみに早紀ちゃんの誕生日《たんじょうび》も四月十日。偶然《ぐうぜん》だけどなんだかうれしい。けど、実際に私が予定通り四月十日に生まれてたら、早紀ちゃんより一学年下になるってこと。

私は架空《かくう》の五年生、四月十日生まれの綿貫真美《まみ》を想像する。

その子はきっと早紀ちゃんみたいに明るくて、ダリアみたいに笑う、クラスで人気者の女の子だ。自分の意見をはきはきと言って、弱いものいじめは許さなくて、いつだって正々堂々としてる。勉強ができてスポーツもできて、先生からの信頼《しんらい》も厚い。家族からも愛されてて、いつだって笑顔の女の子。

④私は架空の綿貫真美をうらやましく思う。いいなあ、そういう子になりたかったなあ。なんで予定日まで、お母さんのお腹《なか》のなかにいなかったのかな。だって早生まれは損だと思う。保育園ではいちばん身体が小さくて、やること全部がとろくて、みんなと同じことができなくて、いつもあせっていたしおもしろくなかった。そしてそれは、六年生になった今でも変わらない。

早紀ちゃんや健介みたいになりたかったな、と時々思う。ダリアみたいに笑える子に。

（椰月美智子《やづきみちこ》「ダリアの笑顔」）

(1) ——線①「私は、ぎくしゃくとうなずいた」とありますが、このときの私の気持ちを次から選び、記号で答えなさい。(20点)　（　　）

ア タウントピックスに健介が載ったことを早紀ちゃんに知られているとは思わず、驚《おどろ》いている。

イ 健介の記事を笑顔で称賛《しょうさん》してくれる早紀ちゃんに、何と返事をしていいかわからず、困っている。

ウ 健介だけが目立っていることに複雑な思いを抱《だ》いており、これ以上話が広がらないで欲《ほ》しいと思っている。

エ 健介の写真が掲載《けいさい》されたのは、単に偶然《ぐうぜん》が重なっただけだということがばれるのではないかと焦《あせ》っている。

(2) ——線②「助け船を出してくれた」とありますが、「助け船を出す」を使った文を書きなさい。(25点)

（　　　　　　　　）

(3) ——線③「ダリアみたいな笑顔」とは、どのようなことを指しますか。二十字以内で書きなさい。(25点)

(4) ——線④「私は架空の綿貫真美をうらやましく思う」とありますが、なぜうらやましく思ったのか、その理由を四十字以内で書きなさい。(30点)

6 場面をとらえる

標準クラス

1 次の文章を読んで、あとの問いに答えなさい。

《「ぼく」と相沢志穂《あいざわしほ》はクラスの福祉《ふくし》委員をしている。福祉委員会主催《しゅさい》の廃品《はいひん》回収のボランティア活動の日、相沢は、前もって予定があるので休むと言っていたので、「ぼく」は一人で参加した。》

校門のわきにとめておいた自転車に乗って、最初の角を曲がったとき、後ろから呼《よ》び止められた。

急ブレーキをかけて振《ふ》り向くと、相沢志穂がいた。右手でスキー板を肩《かた》にかつぎ、左手にスキーショップの大きな紙バックをさげていた。

「なんだ、廃品回収終わっちゃったの？　おそくなったけど、①いまから手伝おうと思ってたのに。」

全身から力が抜《ぬ》けたみたいにスキー板を肩から降《お》ろし、「来週スキー行くから、今日しか買いに行く日なかったのよ。」と額の汗《あせ》をぬぐう。

「一人で買ってきたの？」思わず、②いぶかしむ声できいてしまった。でも、「*吉川《よしかわ》さんは？」ときくよりは、ましだ。

「オヤジ、急に出張しちゃったんだもん。持ち帰りだと五パーセント引きだし、だいじょうぶかなって思ったんだけど、駅から歩いたら、もうバテバテ。」「……道、遠回りしてるだろ。」「廃品回収あるもん、しょーがないじゃん。」③言葉ほどには「しょーがない」と思っていない顔だったから、「夕方までに終わるに決まってんじゃんよ。」と返すぼくの顔はそっぽを向いてしまう。「（　A　）。」相沢はまたスキー板をかつぎ、「（　B　）。」とぼくに軽く手を振って、来た道を引き返していった。

ぼくも自転車のペダルを踏《ふ》み込《こ》んで何メートルか進み、一度相沢を振り向いて、④またしばらく走って、もう一度振り向いた。相沢は重く長いスキー板のバランスをとるのに苦労しながら、小柄《こがら》な体をいっそう縮《ちぢ》めて歩いている。足元が危《あぶ》なっかしい。スキー板の先端《せんたん》が電柱にぶつかりそうになる。

自転車をUターンさせた。いったんホーンに添《そ》えた手を離《はな》し、一気に相沢を追い抜いて、止まった。「（　C　）。」と言ったとたん照れくさくなって、夕焼けの空を見上げた。かたまりからちぎり取ったような雲がいくつも流れていた。そのひとつ、いっとう小さなやつを選んで目で追っていたら、

「（　D　）。」と相沢の声が聞こえた。

「（　E　）。」「けち。」

片手ハンドルのブレーキを握《にぎ》ったり離したりしてスピードを調節しながら、そこの信号を越《こ》え、その先の信号も過ぎて、⑤ゆっくり、ゆっくり進む。

答え　別冊8ページ

下り坂の手前で、また空に目をやった。さっきの小さな雲の行方《ゆくえ》はもうわからなかった。

（重松《しげまつ》 清《きよし》「エイジ」）

＊吉川さん＝相沢と同じ福祉委員会の上級生の男子。

(1) ――線①「全身から力が抜けたみたいに」とありますが、なぜそうなったのですか。二十五字以内で書きなさい。

(2) ――線②「いぶかしむ声」とは、どのような声ですか。次から選び、記号で答えなさい。（　　）

ア 相手を疑《うたが》わしく思うような声。
イ 相手をおどろかすような声。
ウ 相手を責め立てるような声。
エ 相手を警戒《けいかい》するような声。
オ 相手をあわれむような声。

(3) ――線③「言葉ほどには『しょーがない』と思っていない顔」とは、どのような表情ですか。次から選び、記号で答えなさい。（　　）

ア どことなく不満そうな表情。
イ やる気がみなぎっているような表情。
ウ すべてをあきらめたような表情。
エ それほどいやがっていないような表情。
オ やる気をさほど見せていないような表情。

(4) （Ａ）～（Ｅ）に入る言葉を次から選び、記号で答えなさい。

Ａ（　　） Ｂ（　　） Ｃ（　　） Ｄ（　　） Ｅ（　　）

ア ありがと
イ そこの信号までな
ウ じゃあ、もういいね。帰っちゃうね
エ バイバイ
オ スキー板、貸せよ。持ってやるから

(5) ――線④「またしばらく走って、もう一度振り向いた」、――線⑤「ゆっくり、ゆっくり進む」とありますが、それぞれの動作に表れている「ぼく」の気持ちを次から選び、記号で答えなさい。

④ ア とまどい　イ おどろき　ウ あこがれ　エ ためらい　オ いきどおり（　　）

⑤ ア 不安感　イ 幸福感　ウ 緊張感《きんちょう》　エ 充実感《じゅうじつ》　オ 脱力感《だつりょく》（　　）

〔暁星国際中〕

時間 30分　合格 80点　得点 点

答え 別冊9ページ

1 次の文章を読んで、あとの問いに答えなさい。

勲章《くんしょう》店の店主は未亡人《みぼうじん》だった。数年前、不意の病でご主人が死んだあと、わずかばかりの保険金と年金で細々《ほそぼそ》やってゆくことにし、お店はたたむ決心をしたらしいのだが、なぜか今でもぐずぐずと商売を続けている。お得意さんが新しいお店と出会うまで、在庫がさばけるまで、次の住まいが見つかるまで、と言っているうち、ついやめ時を逃《のが》しているようだった。

《中略》

勲章店に相応《ふさわ》しく、と言うべきだろうか。①ご主人は表彰式《ひょうしょうしき》の愛好家だった。世界大会から町内の余興レベルに至《いた》るまで、スポーツに限らず、バレエ、ビリヤード、バイオリン、手品、闘犬《とうけん》、利《き》き酒《ざけ》、社交ダンス、小鳥の品評会……。ありとあらゆる種類のコンテスト、コンクールにおける表彰式を愛していた。例えば近所の公民館で〝ちびっこオセロ大会〟が開かれると、知り合いが出場しているわけでもないのにこっそりと会場に現われ、優勝《ゆうしょう》した子供《こども》の親よりも、誰《だれ》よりもずっと熱心な面《おも》持《も》ちで表彰式を見守っていた。

そんな彼《かれ》が最も心を弾《はず》ませるのは、オリンピックの期間だった。オリンピックが始まれば、毎日のように表彰式が行われるのだから、愛好家として彼が興奮《こうふん》するのも無理はなかった。四年に一度、その季節になるとご主人はラジオを中庭に持ちだし（お店の中より電波の具合がよかったからだ）、商売はそっちのけで、一日中聴《き》き入《い》っていた。おかげで奥《おく》さんは、慣れない店番を押《お》し付《つ》けられ、少し不機嫌《ふきげん》になった。

「表彰式の何が面白《おもしろ》いの？」

ある時、私《わたし》はぶしつけにもそう質問した。

「え、いや、何がといわれても……」

困《こま》った表情を浮《う》かべながらも、ご主人はラジオに意識を集中し続けていた。

「だって、競技のほうがずっと面白いじゃない」

「そうかい？」

「百メートル競走とかバレーボールとか、ドキドキして興奮するもの」

「まあ、たしかに」

「もちろん、気の毒なくらい地味な競技もあるわよ。例えば……カヌーとか、近代五種とか……。でも、表彰式に比べれば、いくらか見ごたえもあると思うわ」

「百メートルだろうが近代五種だろうが、世界で一番になるのは、並大抵《なみたいてい》じゃないぞ」

「うん、まあね」

「それをたたえて祝福するのが表彰式だ。だから表彰式はすごいんだ。な、そうだろ」

無邪気《むじゃき》にご主人は言った。②仕方なく私は頷《うなず》いた。

その時、ビリビリと雑音が混じり、アナウンサーの声が遠くなった。慌《あわ》ててご主人はアンテナを動かし、つまみを調節した。

「こんなふうに大々的《だいだいてき》に、誰かが称賛《しょうさん》されているところに立ち会えるなんて、それだけで特別じゃないか。たとえその誰かが見知らぬ人であろうと、自分が称賛される側になることは一生ないとよく分かってはいても、拍手《はくしゅ》を送っているだけで幸運に恵《めぐ》まれるような気持ちになれる」

ようやく雑音は遠ざかり、再び実況中継《じっきょうちゅうけい》が戻《もど》ってきた。グレコローマンスタイルのレスリングのようだった。

「三個のメダルは、大事にクッションかお盆《ぼん》か、とにかく最上の材質でこしらえた特製の台に載《の》せられてうやうやしく運ばれてくる。メダルたちは、厳《おごそ》かに出番を待っている。つまずいたり落としたりしたら大変だ。取り返しがつかない。表彰式には失敗が許されないんだ。だから皆《みな》が一生懸命《いっしょうけんめい》自分の役目を果たそうとする。すべての決まりごとが滞《とどこお》りなく運んでゆく。③まるで一すくいの水が、最後の一点を目指して、苦も無く流れてゆくように、さ」

ご主人は背中《せなか》を丸め、いっそうラジオの近くに顔を寄せた。勲章店の店先に人影《ひとかげ》はなく、ただ編《あ》み棒《ぼう》を動かす奥さんのシルエットがガラスの扉《とびら》に映《うつ》るばかりだった。レスリングは76キロ級の決勝戦を迎《むか》えた様子で、熱気が高まっていた。


（小川洋子《おがわようこ》「勲章店の未亡人」一部変更《へんこう》したところがあります。）

(1) ――線①「ご主人は表彰式の愛好家だった」とありますが、それはなぜですか。「〜から」に続く言葉を、本文中から探《さが》し、その初めと終わりの三字をぬき出しなさい。(20点)

□□□ ～ □□□ から。

(2) ――線②「仕方なく私は頷いた」とありますが、このときの「私」の気持ちを書きなさい。(40点)

（　　　　）

(3) ――線③「まるで一すくいの水が、最後の一点を目指して、苦も無く流れてゆくように」とありますが、これはどのような場面をたとえたのでしょうか。本文中の言葉を使って書きなさい。(40点)

（　　　　）

6 場面をとらえる

ハイクラス②

時間 40分
合格 80点
得点 点

答え◎別冊9ページ

1 次の文章を読んで、あとの問いに答えなさい。

《東京育ちのユタ（ぼく）は、父を交通事故で亡《な》くし、母と東北の村へやってきたが、新しい学校（分教場）のみんなとなじめなかった。そんなとき、不思議な力を持つ妖怪《ようかい》の座敷《ざしき》わらしと出会った。ある日、ユタは、座敷わらしに、午後三時から梅雨《つゆ》入りするから傘《かさ》を持っていくようにといわれ、傘を持って登校した。》

「きみたちはいま、ぼくのことを臆病《おくびょう》者といったね。だけど、ぼくは雨がこわいんじゃない、濡《ぬ》れたくないから、傘を持ってきたんだ。なるほどいまは降《ふ》ってないけど、午後からきっと雨になるよ。ぼくには、ちゃんとわかってるんだ。なんなら、雨が降り出す時間をいおうか？　それはね、午後の三時ごろだ。」

①みんなは、ぽかんとしてぼくを眺《なが》めていた。裏山《うらやま》でホトトギスが鳴いていて、その声が非常にはっきりきこえていた。ぼくは、この村にきてから、こんなに自信に満ちた口調でだれかにものを語ったことが、いちどでもあっただろうか。ぼくはちょっと調子に乗り過ぎたんじゃないかと思ったが、自分で舌《した》の動きを止めることができなかった。われながら、偉《えら》そうな演説になってしまった。

ところが、②間の悪いことに、ぼくが話し終わったとたん、それを待っていたかのように雲間から明るい日射《ひざ》しが、かっとぼくらの頭上に照りつけてきた。校舎の窓《まど》という窓が、いっせいにきらきらと輝《かがや》き、③校庭にぽつんと一人立っているぼくの影《かげ》が校門の方へ逃《に》げるように走り、みんなは急に勢いづいて、わあわあとぼくに非難《ひなん》の言葉を浴びせてきた。

そんな、猫《ねこ》が忍《しの》びこんだ鶏《とり》小屋のような騒《さわ》ぎのなかから、（　A　）校庭に跳《と》び降《お》りてきた者があった。中学三年の大作《だいさく》である。大作は、分教場では一番の大男で、鼻の下にはもう（　B　）ひげが生えている。中学とは教室が違《ちが》うから、授業中のことはわからないが、校外活動では常にリーダーとしてにらみを利《き》かせている人物である。その大作が、ふいに窓から跳び降りてきたものだから、一瞬《いっしゅん》、ぼくは胸《むね》が（　C　）した。いつかテレビで見た西部劇《げき》の決闘《けっとう》シーンが、（　D　）頭をかすめたからだ。

「静まれ！　静まれっていうに！」

大作は、腹の底まで響《ひび》くような大声で窓の騒ぎを鎮《しず》めると、みんなに向かって、

「おもしろいじゃないか。どうじゃろう、きょう午後の三時に、雨が降るか降らないか、このモヤシのユタと賭《か》けをしてみんかのう。」

といった。どっと賛成の声があがった。大作は、ぼくのすぐ前まで歩いてきて、見下ろした。

「どうじゃ、モヤシ。みんなもああいうてるが、④賭けをしてもええな？」

ぼくは内心、困《こま》ったことになったと思ったが、いまさらあとへも退《ひ》けないから、

「ああ、いいとも。」

と、せいぜい胸を張って答えた。

（三浦哲郎《みうらてつお》「ユタと不思議な仲間たち」）

(1) ――線①のときのみんなの気持ちを次から選び、記号で答えなさい。(15点)　（　　）

ア「ぼく」がみんなのからかいに対して感情的になったことにとまどいを感じている。

イ「ぼく」が意外にもどうどうと予言するようなことを述べたことにおどろいている。

ウ「ぼく」が予言者のように雨が降り出す時間をいったことに不信感をいだいている。

エ「ぼく」がたった一人でみんなに強くこう議をしたことにふゆかいさを感じている。

(2) ――線②「間の悪い」の意味を次から選び、記号で答えなさい。(15点)　（　　）

ア ついていない　イ 印象がよくない

ウ 引け目を感じる　エ 順序がくいちがっている

(3) ――線③の表現の説明として適切なものを次から選び、記号で答えなさい。(20点)　（　　）

ア 太陽の日射しによって「ぼく」の影がはっきり現れたのと同時に、それによって立場が急に悪くなったことを暗示している。

イ 明るい日射しが現れたことを効果的に表し、それによって「ぼく」の不安がさらに高まっていくことを暗示している。

ウ「ぼく」がみんなに取り囲まれて校庭で孤立《こりつ》していることを表し、気持ちも縮《ちぢ》こまったものになっていくことを暗示している。

エ 太陽の日射しが強くなったことでみんながだんだんと勢いづいて、「ぼく」に対して優勢《ゆうせい》になっていくことを暗示している。

(4)（A）～（D）に入る言葉の組み合わせを次から選び、記号で答えなさい。(25点)　（　　）

ア A ひょいと　B ちらと　C ずしんと　D さっと

イ A どしんと　B くろぐろと　C ぶるぶると　D ぴょんと

ウ A ぴょんと　B うっすらと　C どきりと　D ちらと

エ A さっと　B びっしりと　C おどおどと　D はっきりと

(5) ――線④「賭けをしてもええな？」とありますが、大作たちはユタとどういう賭けをしようとしているのですか。本文中の言葉を用いて具体的に説明しなさい。(25点)

（　　　　　　　　）

〔鎌倉学園中―改〕

7 会話や動作から読み取る

標準クラス

答え 別冊9ページ

1 次の文章を読んで、あとの問いに答えなさい。

「あなたたち、どうするつもり」

何を言われているかわからず、ナツミはマキちゃんと顔を見合わせた。

「不幸の手紙よ」

どうやら、おばあさんはこちらの話を聞いていたらしい。

「①出しなさい」

二人が黙《だま》っていると、おばあさんは繰《く》り返《かえ》した。

「出した方がいいわよ」

「でも……」

ナツミが言いかけると、異様《いよう》に低い声でおばあさんが言った。

「出さないとあとで後悔《こうかい》するようなことが起きるわよ」

すると、その横に座《すわ》っていたおじいさんがおばあさんに向かって小さな声で言った。

「やめなさい」

「あなたは黙ってて！」

おばあさんが鋭《するど》い声ではねつけた。その声は静かなバスの中でことさら大きく響《ひび》いた。ナツミには乗客の全員がこちらに意識を向けたのがわかった。

「もしかしたら何も起きないかもしれない。でも、万一起きたとき、後悔するわよ。出しておけばよかったって」

おばあさんは低い声で言い、ナツミはマキちゃんとまた顔を見合せた。

「そんなこと、起きますか」

マキちゃんがいくらか体を斜《なな》めうしろに向けながら言った。

「子供《こども》を亡《な》くした人がいるわ」

おばあさんがまったく抑揚《よくよう》のない声で言った。

「手紙を出さなかったからよ」

二人が黙っていると、おばあさんはひとりごとのようにつぶやき出した。

「ああ……出せばよかった……出していれば……あんなことは起こらなかったのに……言うことを聞いたばかりに……あなたは……わたしひとりで何もできなかったのに……」

おじいさんがもういちどおばあさんに言った。

「やめなさい」

《中略》

バスが発車すると、マキちゃんが小さな声で訊《たず》ねてきた。

「手紙、いつ来たの？」

「えーと、三日前」

「うちも三日前」

本当だろうか。もしそうだとしたらマキちゃんが出したのではないということになる。

「もう、時間がないよね」

マキちゃんが憂鬱《ゆううつ》そうに言った。

「まあね」

「まあねって、明後日までに出さなくちゃいけないんじゃない」

「どうして」

「あれって五日以内に出さないといけないんでしょ」

「五日以内？」

「五日以内に出さないと不幸になるって書いてあったでしょ」

「五日以内なんて書いてなかった」

「うそ」

「ほんと」

「じゃあ、なんて？」

「一週間以内に出せって」

「五日以内に三人に出せ、でしょ？」

「違うよ、一週間以内に五人に出すの」

そう言ったとき、ナツミはすごく重要なことに気がついた。

「そうか、別の種類の不幸の手紙なんだ」

マキちゃんも弾《はず》んだ声で言った。

「違う人から届《とど》いたんだ」

だとすれば自分のところに届いた不幸の手紙はマキちゃんが出したのではないということになる。マキちゃんの声が弾んでいるのも、わたしが出したのではないとわかったからかもしれない。わたしが疑《うたが》っていたのだからマキちゃんが②そう思っていたとしても不思議ではない。


（沢木《さわき》耕太郎《こうたろう》「銃《じゅう》を撃《う》つ」）

---

(1) ――線①のように、おばあさんが繰り返し忠告《ちゅうこく》するのはなぜですか。その理由を説明した次の文の空《くう》らんにあてはまるように、本文中の語句を用いて三十字以内で書きなさい。

□□□□□□□□□□□□□□□□□□□□□□□□□□□□□□

と、ナツミやマキが後悔することになると、おばあさんは考えたから。

(2) ――線②「そう」が指し示す内容を三十字以内で書きなさい。

□□□□□□□□□□□□□□□□□□□□□□□□□□□□□□

〔大妻多摩中―改〕

ハイクラス①

時間　40分
合格　80点
得点　　点

答え◎別冊9ページ

1 次の文章を読んで、あとの問いに答えなさい。

サヤカは草の上にこうして座《すわ》っていると、時間がとまっているような気持ちがする。

それでも来月になると九歳《さい》になり、来年は十歳になる……。その次の年、次の年……と見えない未来を見つめようとしても、自分がどうなっているのか想像がつかない。ルーと居た時間の中では未来なんて考えもしなかった。蝶々《ちょうちょう》を見つけて駆《か》け出し、雪を見て転げ回った。いつだったか外国航路の船から埠頭《ふとう》に降《お》りてきた二メートル近い黒人の船員を見て、サヤカもルーも（　Ａ　）、それからきょとんとした顔で互《たが》いを見つめ合ってから笑い出した。

手で触《ふ》れられる場所に①時間があった。ルーの気持ちで思えば、私《わたし》たちの時間はあの濡《ぬ》れた鼻で嗅《か》ぐことができたはずだ。きっとまぶしくて、きらきらした時間だったのだろう。そんな二人の時間が突然《とつぜん》なくなってしまった。どこか別の場所に時間が行ってしまったのではなく、目の前から消えた。こんなことをパパやママも経験してるのだろうか。私と同じように人の居ない所で弱虫みたいに泣いてるのだろうか。それを隠《かく》して平気でテレビを見て笑ってるの？　②だったら大人なんかになりたくない。ルーにかわるものがこの世にあるなんて思えない。私は絶対にルーの死を認《みと》めない。

サヤカは右手を伸《の》ばして草を撫《な》でた。その先にルーが掘《ほ》り出した線路が茶褐色《ちゃかっしょく》に光っている。あそこにはルーの匂《にお》いが残っている。でもルーはいない。やっぱり変だ。認めない。今は遠くに行ってるだけできっと帰ってくる。ルーだって私に逢《あ》えなくなって淋《さび》しがってるはずだ。淋しいなら逢いにきてよ。ルー。君が来られないなら私が行くよ。君に逢うためなら私は何だってするよ。

サヤカは（　Ｂ　）なった。

ザッ、ザザザッー、と背後《はいご》で音がした。サヤカが振《ふ》りむくと、あの犬が草の中にいた。

「何よ、また逃《に》げ出してきたの？」

サヤカは目元を拭《ぬぐ》って笑った。手を叩《たた》くと、犬はクルクルとその場で回った。

「そうなの、嬉《うれ》しいのね。遊ぼうか」

サヤカが立ち上がると、犬は駆《か》け寄ってきて線路の所で匂いを嗅ぎ前足で土を掘り返しはじめた。

サヤカはまぶしそうな目をして犬を見た。何だかこの犬がルーのことを知っているふうに思えた。ますますいとおしくなった。

「君、名前なんだったっけ。ええーと、ルースだ。ルースだったね。ルーとルースか……。似てるね。でもそれってあのオコリンボがつけたんでしょう。でも可愛《かわい》い名前だよ。君らしいよ」

土を掘り返していたルースが顔を上げてサヤカの背後を見た。ワンと吠《ほ》えた。振《ふ》りむくとオコリンボが草の中に立っていた。サヤカは顎《あご》を少し持ち上げるようにして老人から目を逸《そ》らした。

「この間は悪かったね。本当に済《す》まないことをしたと思っているよ。このとおりだ。許してくれたまえ」

サヤカは口笛を吹《ふ》いた。

「許してもらえるとは思っていないよ。けれど私の息子《むすこ》のコウイチローは本当に死んでなんかいないんだ。ただ今は遠くに行ったきり戻《もど》ってきてないだけなんだよ」

サヤカは空を見上げた。空港を飛び立ったジェット機が上昇《じょうしょう》していた。

「本当なんだ。今は遠くに行ってるだけできっと帰ってくるんだよ」

サヤカは目を閉《と》じて、今しがた聞いた老人の言葉を胸の中で反復した。今は遠くに行ってるだけできっと帰ってくるんだよ。今は遠くに行ってるだけできっと……。

サヤカは老人を振りむいて言った。

③「わかったわ。許してあげる」

（伊集院静《いじゅういんしずか》「駅までの道をおしえて」）

(1) （Ａ）・（Ｂ）に入る言葉を次から選び、記号で答えなさい。（30点／一つ15点）

Ａ（　　）Ｂ（　　）

Ａ　ア 目を落として　イ 目を細くし　ウ 目をかけて　エ 目を丸くし

Ｂ　ア 鼻の奥《おく》が熱く　イ 耳をふさぎたく　ウ 手も足も出なく　エ 眉《まゆ》をひそめたく

(2) ――線①「時間」とは、サヤカにとってどのような時間ですか。次から選び、記号で答えなさい。（20点）（　　）

ア 自分よりも大切な存在のためにあった時間。

イ 何かに追われるようにあっという間に過ぎてしまう時間。

ウ 充実《じゅうじつ》していて幸福であることも意識しない時間。

エ 幸福すぎてかえって恐《おそ》ろしさを感じるような時間。

(3) ――線②「だったら大人なんかになりたくない」とありますが、サヤカがそう思った理由を三十字以内で書きなさい。（20点）

(4) ――線③「わかったわ。許してあげる」と、サヤカが老人を許した理由をまとめた次の文の空らんに入る言葉を、それぞれ二十字程度で書きなさい。（30点／一つ15点）

老人の（　ａ　）という言葉は、サヤカが（　ｂ　）と同じだったから。

ａ（　　）

ｂ（　　）

〔晃華学園中―改〕

7 会話や動作から読み取る

ハイクラス②

時間 40分
合格 80点
得点 　　点

答え○別冊10ページ

1 次の文章を読んで、あとの問いに答えなさい。

その日から三週間のあいだ、仁《じん》は（　　　）をみはるような思いでお父さんを見ていた。①これほどガラリと人間の感じがかわるのを見るのは、生まれてはじめてのことだった。

まず、お父さんは軽口をたたいたり、〈シャレ〉をやったりしなくなった。いつも目の一点が、じっとどこかを見つめているような感じになった。ごはんのときも、お父さんがあまりにも長いあいだ、仁の口もとに目を注いでいるので、きみがわるくなって見返すと、お父さんはべつに仁を見ているのではなくて、偶然《ぐうぜん》そこに目をおいているだけで、なにも見ているのではないのがわかった。心はどこか内側のほうをむいていて、むちゅうになって考えごとをしているようだった。

《中　略》

仁は、さいしょのうちは、お父さんの性格がかわってきたのだと思っていたが、やがてそうではないことに気づきはじめた。かわってきたのではなくて、お父さんは、もともと〈そういう人〉だったのだ。

お父さんを高校のころから知っているお母さんに聞いても、意見は同じだった。お父さんは考え性《しょう》で神経がこまかくて、人にやさしい人だった。そんな自分の性格が、ときには自分で重荷になるために、〈シャレ〉でそうしたまじめさに、かたすかしをくわせることをおぼえたのだった。それは、自分の律儀《りちぎ》さのネジをすこしゆるめてやって、自分や他人をもっと楽にしてあげるためのひとつの方法だった。

ところで芸能人の道をえらんだお父さんは、自分が売れなければ売れないほど、その苦しさを〈シャレ〉でわらいのめすようになった。そうしなければ、おしつぶされてしまいそうだったのだろう。長い年月のあいだに、お父さんは〈シャレ〉で全身をガードするようになり、②本来の生《き》まじめな部分は、外からは見えないようになってしまっていたのだ。

〈シャレにならない〉状態におちいって、お父さんははじめて③自分のよろいをぬぎすててはだかになった。よろいがないぶんだけ弱く、傷《きず》つきやすくなったけれど、反面では身軽にしなやかに、そして慎重《しんちょう》でかしこくなった。そうして、はだかになったお父さんは、仁におどろくほど似ていた。

お父さんはコンテストの一週間くらいまえになると、小さなテープレコーダーをもって、例の神社へ散歩に出かけていった。朝、出たまま夜になっても帰ってこないことがなんどかあった。

コンテストのあるまえの日の夜、④お父さんは大わらいしながら家に帰ってきた。神社の階段《かいだん》でテープレコーダーをあいてに落語の練習をしていると、警官《けいかん》がきて交番へつれていかれたのだ、という。近所の人たちが交番に、「いつも神社にきて、一日じゅうぶつぶつしゃべったり、わらったりしている、へんな人がいる。」

と通報したらしい。お父さんはしかたなく、練習していたその落語を、交番のなかで三、四人の警官あいてに実演してみせたのだった。警官たちはそれを聞いて、死ぬほどわらいころげて、お父さんが交番を出るときに、

「またきてください。」

といったらしい。

(中島《なかじま》らも「お父さんのカッパ落語」一部変更《へんこう》したところがあります。)

(1) (　)に入る体の一部を表す言葉を書いて、「〜をみはる」という慣用句を完成させなさい。(20点)

(　　)

(2) ——線①に「これほどガラリと人間の感じがかわるのを見るのは、生まれてはじめてのことだった」とありますが、「お父さん」はどのようにかわったのですか。次から選び、記号で答えなさい。(20点)

(　　)

ア 今まで以上に他人にやさしくふるまい、シャレを言ってわらわせるようになった。

イ シャレを言わず、いつもどこかを見つめていたり、むちゅうになって考えごとをしていたりするようになった。

ウ ぼんやりすることが多くなり、意味不明のことをつぶやいてばかりいるようになった。

エ 今までのまじめさをやわらげるために、シャレを言うことをおぼえた。

(3) ——線②「本来の生まじめな部分」とは、「お父さん」のどのようなところですか。「〜ところ。」に続くように、本文中から十九字でぬき出しなさい。(20点)

ところ。

(4) ——線③「自分のよろいをぬぎすてて」とありますが、「よろい」とは、どのようなことを表していますか。「〜こと。」に続くように、本文中から十四字でぬき出しなさい。(20点)

こと。

(5) ——線④に「お父さんは大わらい……帰ってきた」とありますが、「お父さん」を大わらいさせたのは、どのような出来事ですか。具体的にわかりやすく書きなさい。(20点)

(　　)

〔京華中—改〕

8 心情をとらえる

標準クラス

1 次の文章を読んで、あとの問いに答えなさい。

《ある日曜日の朝、洪作《こうさく》は、おぬい婆《ばあ》さんに「きれいな朝顔が咲《さ》いたから、所長さんの家へあげておいで」と言われた。しかし、それは柄《え》の抜けたひしゃくに植わっていたので、洪作は反対した。》

「所長さんとこの人たち、びっくりするぞ。これだけの朝顔、めったに見られやせん」

そう言われると、洪作も①持って行ってみたくもあった。結局、洪作はその朝顔を持って、所長さんの家へそれを届《とど》けるために往来へ出た。どこかで遊んでいた二、三人の子供《こども》たちが駈《か》け寄って来た。

「洪ちゃ、どこへ行く」

一年坊主《ぼうず》が言った。

「*御料局《ごりょうきょく》だ。ついて来い」

洪作は三人を供《とも》にして、御料局の門をくぐり、その一角にある所長さんの家へ近づいて行った。

玄関《げんかん》の前まで行った時、洪作は玄関の横手に仙人掌《しゃぼてん》の植木《うえき》鉢《ばち》が二列にずらりと並《なら》べられてあるのを見た。大きい鉢《はち》もあれば小さい鉢もあった。どれも洪作の眼《め》には上等の鉢に見えた。それを見ると、洪作は自分が手に持っている朝顔が急に貧相《ひんそう》な価値《かち》のないものに見えて来た。洪作は玄関の戸に手をかける気持をすっかり失ってしまった。

その時、家の横手から、思いがけず突然《とつぜん》、あき子が姿《すがた》を現した。

「あら」

あき子はそんな声を出した。洪作は今となっては逃《に》げることもできず、

「朝顔が咲いたんで、ばあちゃが置いて来いって――」

と、②そんな言い方をした。自分はおぬい婆さんから命じられて、おぬい婆さんの使者としてこれを持って来たのだ。これを持って来たことには、自分の意志は少しもはいっていないのだ。そんな自分の立場を相手に理解させたいための言い方だった。

「まあ、きれい！」

あき子は言った。眼を大きく見張って、いかにも朝顔の美しさに驚《おどろ》いたといった表情であった。洪作は血が顔に上って行くのを感じた。きれいな少女がきれいな表情をとったというただそれだけのことで、洪作は自分の顔が赤くなって行くのを感じた。

「アラ、マア、キレイ！」

お供の一年坊主が、あき子の言葉を真似《まね》てわざととんきょ

答え▶別冊10ページ

うな声を出した。

「帰ろう」

傍《そば》の少年に言うと、洪作はすぐあき子に背《せ》を向けた。

――アラ、マア、キレイ。アラ、マア、キレイ!

三人の子供たちは、歩きながら、同じ言葉を繰《く》り返して、調子をつけて唄《うた》った。洪作はそんなことを唄う子供たちに、*この間次郎に対したような怒《いか》りは感じなかった。それどころか、自分もまた、それを口に出してみたいような誘惑《ゆうわく》を感じた。あら! と、大きく眼を見張った少女の表情は、それを思い出しただけで、洪作の気持ちを③遠くさせるものを持っていた。洪作は女生徒に対して、今までこのような感情を持ったことはなかった。多分に甘美《かんび》で、どこかに秘密《ひみつ》にしなければならぬような影《かげ》を持った物哀《ものがな》しさがあった。

(井上《いのうえ》 靖《やすし》「しろばんば」)

*御料局=あき子の父が所長を務める、林野管理局の出張所の呼《よ》び名。

*この間次郎に対したような怒り=二年生の次郎が、転校生のあき子をからかう歌をうたった時、洪作は激《はげ》しい怒りを感じ、次郎をこづいた。

(1) ――線①「持って行ってみたくもあった」とありますが、この表現は、「持って行ってみたかった」という表現とくらべて、どのような気持ちをふくんでいますか。「～の気持ち。」に続く言葉を、四字以内で考えて書きなさい。

[　　　　]の気持ち。

(2) ――線②「そんな言い方」とありますが、洪作はなぜ「そんな言い方」をしたのですか。次の解答らんに合うように、本文中の言葉を用いて、三十字以内で書きなさい。

[　　　　　　　　　　　　　　　　　　　　　　　　　　　　　　]ということを、あき子に理解させたかったから。

(3) ――線③「遠くさせる」のここでの意味を次から選び、記号で答えなさい。

ア 幼《おさな》かった日を思い出させる。

イ 遠い将来《しょうらい》を思いえがかせる。

ウ せつなく悲しい思いにさせる。

エ 夢見るような思いにさせる。

(　　)

(4) この文章の主題として最も適切なものを次から選び、記号で答えなさい。

ア おぬい婆さんの親切心。

イ 洪作のあき子に対するあこがれ。

ウ 洪作とあき子の、ほのかな恋。

エ あき子の言葉と表情の美しさ。

(　　)

〔攻玉社中―改〕

ハイクラス①

時間 40分　合格 80点　得点 点

答え→別冊11ページ

1 次の文章を読んで、あとの問いに答えなさい。

《豪腕《ごうわん》のピッチャー原田巧《はらだたくみ》は、中学入学をひかえた春休み、同級生のキャッチャー永倉豪《ながくらごう》のいる岡山《おかやま》に引っこしてきた。豪のさそいで、二人は空き地でキャッチボールを始めた。》

「原田、本気で投げとるか」

「最初からそんなにとばせるかよ」

「じゃろな。①このくらいの球なら、誰《だれ》でも投げてるもんな」

一瞬《いっしゅん》、言葉が出てこなかった。頭の芯《しん》が熱くなる。返球されたボールを強く握《にぎ》りしめた。

だれでも投げてるだと、おれの球をそこらへんの投手の球といっしょにするなよ。

「青波《せいは》！」

怒鳴《どな》りつける強い口調で、弟の名を呼ぶ。

「おれのスパイクとってこい」

青波は、バネじかけの人形のようにとび上がり、家のかげに消えた。

「原田投手が本気になるんなら、永倉捕手《ほしゅ》もその気にならんといけんな」

豪が、スポーツバッグの上にかがみこんだ。キャッチャーマスク、プロテクター、レガース。一式そろっている。

「へえ、永倉捕手はちゃんと自分用の用具、持ってるんだ」

ミットやマスクはともかく、プロテクターやレガースまで個人で持っているものは少ない。かなりの値段《ねだん》がするはずだ。軟式《なんしき》の場合、試合にさえ使用しないこともあるのだ。

「そういえば、永倉の家は病院だってな。やっぱり、お金持ちのぼんぼんは、違《ちが》うよな」

豪が、突然《とつぜん》立ちあがった。大《おお》またで、近づいてくる。あっと思った瞬間《しゅんかん》、胸倉《むなぐら》をつかまれていた。

「原田、ええかげんにしとけよ。言うてええことと悪いことがあるんぞ」

豪の声は、低くて聞きとりにくかった。

「なんだよ。おまえだって、さっきおれの球をこのくらいの球だって言っただろうが」

「本気で投げてない球だって言うたんじゃ。ほんまのことじゃろが」

答えがかえせなかった。

「おれの家が、金持ちだろうが貧乏《びんぼう》だろうが、それが野球となんの関係があるんじゃ。原田巧てピッチャーは、野球に関係ないこと持ちだして、ぐちゃぐちゃ言うような、つまらん奴《やつ》なんか」

巧の身体をつきとばすようにして、豪は手を離《はな》した。

「野球やろうや、原田。野球に関係ないことは、ほんまに関係ないんぞ」

「わかったよ」

やっとひとこと、言葉にした。②豪の顔がまともに見られなかった。そうだ、豪の言うとおりだ。親の職業も、学校の成績も、野球になんの関係もない。野球のボールをにぎりながら、関係ないことをへらへら口にした。自分の球を本気で受けようとした相手をからかったのだ。顔がほてった。

「兄ちゃん」

青波が、スパイクをさしだす。息がはずんでいた。

（　　）。スパイクにはきかえるあいだは、豪の顔を見なくてすむ。顔のほてりもしずまるだろう。青波は、いつも絶《ぜっ》妙《みょう》のタイミングを知っている。そんな気がした。

「ええな、今度、下手な球投げたら、ぶっとばすぞ」

巧は、豪に答えるかわりに右腕《みぎうで》を大きく回した。肩《かた》は軽い。準備は充分《じゅうぶん》にできていた。豪が、かけ足で遠ざかる。巧は、足元の土を軽くならした。ここにはマウンドも投手板《とうしゅばん》もない。野手《やしゅ》もバッターもいなかった。③なのに緊張《きんちょう》する。試合前の高ぶりが、身体の奥《おく》から波のように盛《も》りあがってきた。

（あさのあつこ「バッテリー」一部変更《へんこう》したところがあります。）

(1) ――線①「このくらいの球なら、誰でも投げてるもんな」について、次の各問いに答えなさい。

① この発言をした豪の心情を次から選び、記号で答えなさい。（15点）（　　）

ア 挑発《ちょうはつ》　イ 落胆《らくたん》　ウ 誤解《ごかい》　エ 同情　オ 感動

② 「このくらいの球」とは、どのような球のことですか。本文中から九字でぬき出しなさい。（20点）

(2) ――線②「豪の顔がまともに見られなかった」とありますが、それはなぜですか。わかりやすく説明しなさい。（25点）

(3) （　　）に入る言葉を次から選び、記号で答えなさい。（　　）（15点）

ア ほっとする　イ きっとなる

ウ はっとする　エ ぐっとくる

(4) ――線③「なのに緊張する」とありますが、その理由を次から選び、記号で答えなさい。（25点）（　　）

ア この後、いよいよ空き地での試合が始まるから。

イ 弟のほかにも多くの人に自分の投球を見られているから。

ウ 豪に「ぶっとばすぞ」と言われておどされたから。

エ 自分の最高の球を豪に見せたいと思ったから。

〔近畿大附中―改〕

8 心情をとらえる

ハイクラス②

時間 30分　合格 80点　得点　　点

答え◎別冊11ページ

1 次の文章を読んで、あとの問いに答えなさい。

《オッチはおばあさんと二人暮《く》らし。ある日、オッチは急に空を飛べるようになった。そして、クラスのみんなにも、それがばれてしまった。》

「おい、オッチ」

と誰《だれ》かに声をかけられたのは、その境内《けいだい》を通りすぎようとしたときだった。声のしたほうを振《ふ》り向くと、六年生の健二《けんじ》が清《きよし》とべつの六年生二人をうしろに従《したが》えて立っていた。オッチはまずいことになったと思い、胸《むね》がドキドキした。

健二たちはオッチを境内の椎《しい》の木の陰《かげ》に連れて行くと、四人でぐるりと取り囲んだ。オッチは清を見た。清はニヤニヤ笑っていた。

「おまえ、空を飛べるんだってな」

健二がいった。「飛んでみろよ」

オッチは怖《こわ》かったが、何もいわずにじっとしていた。

「おい、きこえなかったのか。飛んでみろよ」

健二はそういうと手でオッチを突《つ》きとばした。オッチは地面にしりもちをついた。

「おい清、何とかいってやれよ」

健二があおると、清は倒《たお》れているオッチの前に立ちふさがり、ふるえる声でいった。

「また*きのうのようにやられてえのか！」

オッチは何もいわず、しりもちをついたままで清を見つめた。①清はオッチが何もいわないでじっとしているのでドギマギし、救いを求めるように健二のほうに目をやった。

健二がいった。

「こら、父無し子！ やっぱり親父《おやじ》のいねえやつってのは根《こん》性《じょう》がよくねえな」

「父無し子じゃないよ」

オッチはとつぜん体を起こし、そのまま健二の腰《こし》をめがけて飛びついていった。こんどは健二が（　　　）をついた。しかし健二はすばやく態勢をたてなおすとオッチの上に馬乗りになり、オッチの顔を何度も殴《なぐ》りつけた。それにほかの三人もオッチを抑《おさ》えつけたので、オッチはどうしようもなかった。

やがて健二はとつぜんオッチを殴るのをやめた。そしてオッチの顔をまじまじと見つめた。オッチはその目を見返した。オッチの目には、涙《なみだ》も、許しを請《こ》う色も浮《う》かんでいなかった。健二はひるみ、チェッと舌打《したう》ちをして立ち上がった。②立ち上がった健二の顔には、勝利のよろこびはどこをさがしてもなかった。健二はバツのわるそうな表情で行こうぜというと、ほかの三人を連れて行ってしまった。

オッチは立ち上がり、シャツについた埃《ほこり》を払《はら》った。しかし汗《あせ》をかいていたので泥《どろ》のしみになってしまっていて、ぜんぜん落ちなかった。おばあさんに何といおうとオッチは思った。おばあさんが何をきこうと、本当のわけを話すつもりはなかった。

オッチは汚《よご》れたシャツを着て家に帰った。おばあさんは家にいて、オッチのその汚れたシャツや顔に残った傷《きず》を見たが、何もきこうとしなかった。オッチはその夜眠《ねむ》るとき、どういうわけか③いままで一度も感じたことのないような誇《ほこ》らしさを感じた。とても不思議な感じだった。

（海老沢泰久《えびさわやすひさ》「空を飛んだオッチ」一部変更《へんこう》したところがあります。）

＊きのうのように＝きのう、清がオッチを体育館の二階から、突《つ》き落としたことを指している。このことが原因で、オッチが空を飛べることは、みんなに知られてしまった。

(1) ――線①のときの清の心の状態を次から選び、記号で答えなさい。（25点）（　　）

ア オッチをこらしめようとしたのに、逆に落ち着きはらったオッチの態度に威圧《いあつ》されて、うろたえている。

イ オッチがどういう反応をとるか待っていたのに、いつまでも何もいわないので、じれったく思っている。

ウ オッチに対して強い態度に出たものの、オッチの目が許しを求めていたので、どうしたらよいか困《こま》っている。

エ 謝《あやま》ると思っていたオッチが反抗《はんこう》的な態度をとったので、激《はげ》しい怒《いか》りを感じて自分を抑《おさ》えられなくなっている。

(2) （　　）に入る言葉を、本文中から四字でぬき出しなさい。（25点）

(3) ――線②「立ち上がった健二……なかった」とありますが、それはなぜですか。次から選び、記号で答えなさい。（25点）（　　）

ア オッチの力が予想に反して強く、ねじふせるのに手こずってしまったから。

イ 途中《とちゅう》オッチに反撃《はんげき》され、清たちの前でみっともない姿《すがた》を見せてしまったから。

ウ 力では勝ったが、オッチがしっかりとした態度を最後までくずさなかったから。

エ 四人がかりでおどしたのに、最後までオッチが飛ぶところを見られなかったから。

(4) ――線③「いままで……誇らしさ」とありますが、その「誇らしさ」の説明として最も適切なものを次から選び、記号で答えなさい。（25点）（　　）

ア 周囲の人の暴力や嫌《いや》がらせにくっせず、堂々《どうどう》とした姿勢《しせい》をつらぬき通した誇らしさ。

イ 自分にはやはり不思議な力が備わっているのだということを確信した誇らしさ。

ウ 自分の気持ちを察し、配慮《はいりょ》してくれるすばらしいおばあさんを持った誇らしさ。

エ 冷たい態度をとる仲間とかかわらず、一人だけで生きていく自信を得た誇らしさ。

〔海城中―改〕

チャレンジテスト②

答え▼別冊11ページ

時間	40分
合格	80点
得点	点

1 次の文章を読んで、あとの問いに答えなさい。

《十二歳《さい》のフー子は、同い年でいとこのマリカから七年ぶりに「ぜひお目にかかりたい」という手紙をもらい、夏休みに祖父の家を訪《たず》ねた。》

「そのピアノ、ちょっとひいてよ。さわる者がいないから、音は悪いだろうが」

と、祖父は言った。「ええっ…」というような、ためらいのことばを発するものと、フー子は思った。だがマリカは、こうべをめぐらせて、部屋のすみにある古家具のようなピアノを認めると、「ああ、あれ…」とつぶやいて、さっさと立ち上がった。その態度は「ひいてよ」「いやよ」の押《お》し問答という手続きをふまなければ、（　A　）ひきはじめない、クラスの女の子たちとは、まるで異質《いしつ》のものだった。

見慣れたピアノより、ずいぶん小ぶりに見える、古いピアノのふたを開けると、マリカは背《せ》もたれのない、木のいすに腰《こし》をおろした。けんばんに指を落とす前のこごった*ような沈《ちん》黙《もく》の中で、マリカのまっすぐな背が、さきほどの態度に似て、①水際《みずぎわ》だって見えた。

不意にピアノはかなでられた。聴《き》いたことのない旋律《せんりつ》だったが、それが、遠い異国《いこく》の悲しいような情熱をうたった曲であるのが、フー子にもわかった。ひびきのよくないピアノは、ポロンポロンとせつない音を出し、それが（　B　）、妙《みょう》な趣《おもむき》をそえた。

だが、何よりもまして、そんな趣をかもしだすのは、あのマリカのひき方だ——。フー子は、マリカの姿《すがた》を食い入るように見つめながら、音をとらえようと、耳をかたむけた。速い曲ではなかったし、こみ入った楽譜《がくふ》が想像されるような曲でもなかった。そのためか、ひきちがえることはない。だが、うまいのかへたなのかが、わからなかった。心持ち長く引きのばされたかと思うと、あるところではわずかに物足りなく、かと思うと、とつぜんつんのめったようにかけぬけて、聴《き》く者の耳を安らわせようとしないのだ。だが、なぜか、②ひきつけるのだ。すると、不正確に思われるそのテンポさえ、やがて、ぜひそうでなければならないかのように聞こえはじめる。

うす暗い部屋、茶色のピアノ、長い首、長い手、長い指、その指先が生み出す、奇妙《きみょう》な美しさ…。一枚の絵でもあるかのように、フー子はその光景に吸《す》いこまれた。ピアノの上に並《なら》べられた、大小さまざまの人形が、その光景にひどくとけこんで見えた。ロシアの入れ子人形マトリョーシカ——。人形たちは、長い沈黙《ちんもく》の果てにかなでられた、ピアノの音色に呼《よ》び覚まされて目を開き、あたかも今、マリカを見つめながら、その音色を楽しんでいるかのように見えるのだった。

マリカが作り出す、奇妙な魅力《みりょく》と不可思議さを帯びたその曲は、そのようにしてあたりを支配し、フー子をとらえたのだ。そんな思いは初めてだった。

やがて静寂《せいじゃく》がおとずれ、マリカが、にこっと笑い、二人の方を向いた。③その笑顔《えがお》は、たった今かなでられた曲と、同じ印象をフー子にあたえた。

それからまもなく、マリカは、マリカの母方の親せきのところへ帰っていった。

フー子と祖父は、坂下のバス停まで、マリカを見送りに行った。遠くに海を見ながら坂を下っていく途中《とちゅう》、フー子は、腹立《はらだ》たしく、そして悲しかった。いっしょに夕食さえとらずに、マリカは帰ってしまうと言うのだ。フー子をここにひとり残して。あんな手紙をよこしたくせに。まだ何もしゃべっていないのに。もう、これっきりなんだろうか…。マリカが描《えが》いたとおりの、いや、それ以上に「マリカそのもの」であったことが、フー子の心をかきみだしていた。

道の向こうから、（ C ）せりあがってでもくるようにして、バスがあらわれた。フー子は、きゅっとくちびるをかんだ。

（高楼方子《たかどのほうこ》「時計坂の家」）

*こごった＝固まった。

(1) （ A ）～（ C ）に入る言葉を次から選び、記号で答えなさい。(30点／一つ10点)

ア かえって　イ たぶん　ウ まるで　エ けっして

オ すべて

A（　）　B（　）　C（　）

(2) ――線①「水際だって見えた」とありますが、フー子はマリカの姿を見てどんな様子だと思ったのですか。次から選び、記号で答えなさい。(20点)

ア 強く決意している様子。　イ さりげなく自然な様子。

ウ 自信がなく不安な様子。　エ 他とちがって目立つ様子。

（　）

(3) ――線②「ひきつけるのだ」とありますが、フー子は何にひきつけられたのですか。本文中から七字でぬき出しなさい。(10点)

□□□□□□□

(4) ――線③「その笑顔……あたえた」とありますが、フー子はマリカにどんな印象を持ったのですか。「～という印象。」に続くように、本文中の言葉を用いて書きなさい。(20点)

（　　　）という印象。

(5) 本文の場面でのフー子の気持ちの変化として最も適切なものを次から選び、記号で答えなさい。(20点)　（　）

ア くやしく思っている→おどろいている→夢中になっている

イ おどろいている→くやしく思っている→夢中になっている

ウ 夢中になっている→おどろいている→くやしく思っている

エ おどろいている→夢中になっている→くやしく思っている

〔賢明女子学院中―改〕

チャレンジテスト③

時間 40分　合格 80点　得点　　点

答え○別冊12ページ

1 次の文章を読んで、あとの問いに答えなさい。

《主人公の「ぼく」は作家であり、先日新人賞をもらった。次の場面は、正月に帰省した「ぼく」が、子どものころに盗《ぬす》んだ本の代金と自分の書いた単行本を持ってミツザワ書店に謝罪にきたところである。》

「突然《とつぜん》すみません」

もごもごとぼくは言った。女の人はぼくの前に紅茶《こうちゃ》を置く。香《こう》ばしいにおいがたちのぼる。

「あの、えーと、おばあさんはお元気ですか」

女の人は口元に笑《え》みを浮《う》かべたままぼくを見て、

「他界しました。去年の春です」静かな口調で言った。①頬《ほお》をはられたような気持ちでぼくは女の人を見た。そういえば、玄関《げんかん》になんの飾《かざ》りもなかったことを今さらながら思い出す。

「家の者は友人の家にいっていて、ちょうど今日は留守で、私《わたし》もひまだったんですよ」

「えーと、あなたは、おばあさんの」

「孫です。三年前にここに引《ひ》っ越《こ》して、この家で両親と暮《く》らしています」

「それであの、ミツザワ書店は」

「祖母が*伏《ふ》せってから、ずっと閉《し》めています。あとを継《つ》ぎたいという者がだれもいなくて。もともと儲《もう》かるような店じゃなかったし、祖母の道楽*みたいなものでしたしね。今は駅の向こうに大型書店もできて、うちが店じまいしてもみなさん困《こま》ることもないでしょう」

何か、とてつもない失敗をしでかしたような気になった。自分は凶悪《きょうあく》事件の加害者で、警察《けいさつ》にいかず被害者《ひがいしゃ》の家に自首しにきたような。②柱時計の秒針《びょうしん》が、やけに大きく耳に響《ひび》いた。

「じつはお詫《わ》びしなきゃならないことがあって今日はここまできたんです」

ぼくはうつむいたまま一気にしゃべった。十六歳《さい》の夏の日。秋のはじめの決行。はじめて本読みで夜を明かしたこと。拙《つたな》い感想。三年前書きはじめた原稿《げんこう》。幾度《いくど》も書きなおした言葉。とんでもないことになったと思った授賞式。夜襲《おそ》いかかってくる不安。単行本と、それを手にして思い出したおばあさんのこと。

③「本当にすみませんでした」

ぼくは財布《さいふ》から本の代金を取り出してソファテーブルに置き、深く頭を下げた。

呆《あき》れられるか、ののしられる*か、帰れと言われるか、じっと待っていると、子どものような笑い声が聞こえてきた。④驚《おどろ》いて顔を上げると、女の人は腰《こし》をおりまげて笑っていた。ひとしきり笑ったあとで、話し出した。

「じつはね、あなただけじゃないの。この町に住んでいた子どもの何人かは、うちから本を持ってってると思うわよ。祖母の具合が悪くなって、それで私たち、同居するために引っ越してきたんだけれど、はじめてあの店を見て、私だって驚いちゃった。持ってけ泥棒《どろぼう》って言っているような本屋じゃない。しかも祖母はずうっと本を読んでるし。私も幾度か店番をしたことがあって、何人か、つかまえたのよ、本泥棒」女の人はまた笑い出した。「それだけじゃないの、返しに来る人も見つけたことあるの。持って行ったものの、読み終えて気がとがめて、返しにきたんでしょうね。まったく、図書館じゃあるまいし。こうしてお金を持って訪《たず》ねてきてくれた人も、あなただけじゃないの。祖母が生きているあいだも、何人かいたわ。じつは数年前、これこれこういう本を盗んでしまったーって。もちろん、そんな人ばかりじゃないだろうけどね、そんな人がいたのもたしかよ。あなたみたいにね」それから女の人はふとぼくを見て、「作家になった人というのははじめてだけれど」と思いついたようにつけ足した。

（角田光代《かくたみつよ》「さがしもの」）

＊伏せる＝病気などで寝《ね》たきりであること。
＊道楽＝趣味《しゅみ》として楽しむこと。　＊ののしる＝非難《ひなん》してどなること。

(1) ――線①「頬をはられたような気持ちでぼくは女の人を見た」とありますが、このときの「ぼく」の様子を次から選び、記号で答えなさい。(10点)

ア ひどく傷《きず》ついている。　**イ** 強い衝撃《しょうげき》を受けている。
ウ 嫌悪感《けんおかん》を抱《だ》いている。　**エ** 追《お》い詰められている。

（　　）

(2) ――線②「柱時計の秒針が、やけに大きく耳に響いた」とありますが、この時の「ぼく」の気持ちを、解答《かいとう》らんに合うように三十五字以内で書きなさい。(30点)

気持ち。

(3) ――線③「本当にすみませんでした」について、ぼくは、何を謝《あやま》っているのか三十字以内で書きなさい。(30点)

(4) ――線④「驚いて顔を上げると」とありますが、その理由を三十字以内で書きなさい。(30点)

（東京純心女子中―改）

9 作者の心情をつかむ

標準クラス

1 次の詩を読んで、あとの問いに答えなさい。

小さな靴《くつ》　　高田敏子《たかだとしこ》

小さな靴が玄関《げんかん》においてある
満二歳《さい》になる英子《えいこ》の靴だ
忘れて行ったまま二ヵ月ほどが過ぎていて
英子の足にはもう合わない
子供はそうして次々に
新しい靴にはきかえてゆく

（　A　）の　疲《つか》れた靴ばかりのならぶ玄関に
小さな靴は　おいてある
（　B　）を飾《かざ》るより　ずっと明るい

(1) （　A　）に入るひらがな三字の言葉を、考えて書きなさい。

(2) （　B　）に入る言葉を次から選び、記号で答えなさい。（　　）

ア 月　イ 星
ウ 花　エ 写真

(3) 次の文の（　a　）～（　c　）に入る言葉を、それぞれ二字以内で書きなさい。

この詩の形式は、口語《こうご》（　a　）詩です。（　b　）連で構成されています。また、作者がこの詩で最もえがきたかったことは、「英子の小さな靴のかわいらしさと、（　c　）さ」です。

a
b
c

〔高知中―改〕

2 次の詩を読んで、あとの問いに答えなさい。

すすきの原　　高田敏子

さようなら　さようなら
①すすきの穂《ほ》のくり返す
②さようなら
ひがな一日

答え▼別冊12ページ

③すすきは　風に
さようならを　おくりつづけている

ごめんなさい
私《わたし》は④あなたに　あのような
⑤美しいさようならを　したでしょうか
あなたにも　あなたにも
いつまでもああして
⑥手をふりつづけていたでしょうか

私はうかつにも
別離《べつり》がいつもあることに気づかずに
すぎてきたように思う

私のまわりから　いつとはなしに
時の流れのなかに
去っていった人たちのことが思われる
すすきの原

(1) ——線①「すすきの穂のくり返す／さようなら／さようなら」と——線③「すすきは　風に／さようならを　おくりつづけている」に用いられている表現技法を次から選び、記号で答えなさい。（　　）

ア 擬人《ぎじん》法　**イ** 直喩《ちょくゆ》　**ウ** 反復法　**エ** 倒置《とうち》法

(2) ——線②「ひがな一日」とは、どのような意味ですか。次から選び、記号で答えなさい。（　　）

ア 太陽が出ている間。　**イ** 一日中。
ウ 昼間の時間が長い日。　**エ** 毎日。

(3) ——線④「あなた」とは、だれを指していますか。詩の中から三十字前後のひと続きの部分を探《さが》し、その初めと終わりの五字をぬき出しなさい。

□□□□□ ～ □□□□□

(4) ——線⑤「美しいさようならを　したでしょうか」と——線⑥「手をふりつづけていたでしょうか」は、どのような意味を表していますか。次から選び、記号で答えなさい。（　　）

ア 美しいさようならをしたい。手をふりつづけたい。
イ 美しいさようならをしなかった。手をふりつづけなかった。
ウ 美しいさようならをしたにちがいない。手をふりつづけたにちがいない。
エ 美しいさようならをしたのか、手をふりつづけていたのか、昔のことなので忘《わす》れてしまった。

〔報徳学園中—改〕

ハイクラス①

時間 40分
合格 80点
得点 点

答え→別冊12ページ

1 次の詩を読んで、あとの問いに答えなさい。

雲雀《ひばり》　草野《くさの》心平《しんぺい》

*げんげ田のむらさきから。
とびたつ雲雀。
むらさきのじゅうたんに。
とびおりる雲雀。
麦畑の槍《やり》の穂《ほ》のなかから。
とびたつ雲雀。
槍の穂の穂波《ほなみ》のなかに。
とびおりる雲雀。

太陽は天のまんなか。
その天をかけめぐる。
五つの*ピッコロ。
ひばりひばりの雲の雀《すずめ》。
*菜種畑の黄色から。
とびたつ雲雀。
黄色い炎《ほのお》にとびおりる雲雀。
そしてまた。
げんげ田のむらさきから。
とびたつ雲雀。

*げんげ田＝れんげ畑。
*ピッコロ＝フルートより小さくて音の高い管楽器の一つ。
*菜種畑＝菜の花畑。

(1) この詩にえがかれている季節はいつですか。次から選び、記号で答えなさい。(10点)　(　　)
ア 春の盛《さか》り　**イ** 夏の盛り
ウ 秋の初め　**エ** 冬の終わり

(2) ——線「むらさきのじゅうたん」とありますが、これは何をたとえたものですか。詩の中の言葉をぬき出しなさい。(10点)
(　　　　)

(3) この詩は「雲雀」の様子をよく見てえがかれています。次の各問いに答えなさい。(20点／一つ10点)
① 雲雀が非常に高いところを飛ぶ様子を最もよく表している一行をぬき出しなさい。
(　　　　)
② 雲雀の大変美しい声を表現している一行をぬき出しなさい。
(　　　　)

〔広島大附属東雲中—改〕

2 次の詩を読んで、あとの問いに答えなさい。

鶴《つる》　村上昭夫《むらかみあきお》

あれが鶴だったのか
①今になって思えばはっきりと言える
私は失望していたのだ
日毎《ひごと》の餌《えさ》にことかかない檻《おり》のなかで
優雅《ゆうが》な姿《すがた》を見せていた鶴のことを

私は随分《ずいぶん》長い間
思い違《ちが》いもしていたのだ
豊かな陽光のもとに
あたかもそれが＊吉祥《きっしょう》のしるしなのだと信じられて
舞《ま》いあがり舞いおりしている鶴のことを

だがそのいずれの時も鶴は
それらの認識《にんしき》のはるかな外を
②羽《はね》もたわわに折れそうになりながら飛んでいたのだ
降《お》りることもふりむくことも
引返《ひきかえ》すこともならない＊永劫《えいごう》に荒《あ》れる吹雪《ふぶき》のなかを

あの胸《むね》うつ鶴の声は
（　　　　）

＊吉祥のしるし＝おめでたいことのきざし。　＊永劫＝非常に長い年月。

---

(1) この詩の形式を次から選び、記号で答えなさい。(10点)　（　　）

ア 文語《ぶんご》定型詩　イ 口語《こうご》定型詩
ウ 文語自由詩　エ 口語自由詩

(2) この詩の第二連に用いられている表現技法を次から選び、記号で答えなさい。(10点)　（　　）

ア 倒置《とうち》法　イ 遠近法　ウ 反復法　エ 比喩《ひゆ》法

(3) ――線①「今になって思えばはっきりと言える」とありますが、作者は、かつてははっきりと言えず、鶴のことをどう思っていたのですか。詩の中から二つ、五字以上十字以内でぬき出しなさい。(10点)

(4) ――線②「羽もたわわに」は、どのような様子を表していますか。次から選び、記号で答えなさい。(10点)　（　　）

ア 羽がぬれている様子。　イ 羽が傷《きず》ついている様子。
ウ 羽が曲がっている様子。　エ 羽が広がっている様子。

(5) （　）に入る言葉を次から選び、記号で答えなさい。(20点)　（　　）

ア どこから聞こえてくるのだろう
イ どこからも聞こえてくることはない
ウ そこからも聞こえてくるにちがいない
エ そこから聞こえていたのだ

〔金城学院中―改〕

時間 40分　合格 80点　得点　　点

答え 別冊13ページ

1 次の詩を読んで、あとの問いに答えなさい。

山の童話　　秋谷《あきや》　豊《ゆたか》

高原の草むらの遠いところに
（　Ａ　）咲《さ》いている
孤独《こどく》な月見草*を顫《ふる》わすものは
遠くの山々からやって来る
ゆうぐれどきの風の音だ

あちこちの林や草のかげから
子馬たちは
さかんによびあい
さかんにいななきあい
元気に今日も帰ってくる

ほのぼのと立ちこめた
牧場の夕闇《ゆうやみ》のなかに
（　Ｂ　）の匂《にお》いが漂《ただよ》っているのは
きっと高原の方を走りまわって
きたからにちがいない
やがて高原に夜がきて
吊《つり》ランプのような月がのぼる頃《ころ》
子馬たちは疲《つか》れてよく眠《ねむ》る
夢の中で
（　Ｃ　）がひとり揺《ゆ》れるだろう

＊月見草＝夏の夕方に花が咲く植物で、花は翌朝《よくあさ》にはしぼむ。

(1) （Ａ）に入る言葉を次から選び、記号で答えなさい。（　　）(10点)

ア にっこりと　イ のっそりと　ウ こっそりと
エ どうどうと　オ しょんぼりと

(2) （Ｂ）に入る言葉を次から選び、記号で答えなさい。（　　）(10点)

ア ご飯　イ 花粉　ウ お母さん　エ 雨　オ 新芽

(3) ――線「吊ランプのような月」とありますが、これはどのような月をたとえたものですか。次から選び、記号で答えなさい。(10点)（　　）

ア 見つめているとまほうにかかるような三日月。
イ ぶあつい雲がかかって見えにくい月。
ウ ランプのように暗くて陰気《いんき》な月。
エ 空にぽっかり浮《う》かんで見える十五夜の月。
オ 真夜中過ぎ、静かに現れる二十三夜の半月。

(4) （Ｃ）に入る言葉を詩の中から五字以内でぬき出しなさい。（10点）

[　　　　　]

(5) この詩の説明として最も適切なものを次から選び、記号で答えなさい。（20点）

（　　）

ア 子馬の孤独《こどく》が、もの悲しさを演出している。
イ 高原の自然の厳《きび》しさを、比喩《ひゆ》を交えてえがいている。
ウ 同じ言葉を反復することで、力強さが伝わってくる。
エ 動物と植物を対比し、動けることのすばらしさを主張している。
オ 高原の自然を題材に、温かくほのぼのとした世界を構成している。

〔共立女子中―改〕

2 次の詩を読んで、あとの問いに答えなさい。

冬が来た　　高村《たかむら》光《こう》太《た》郎《ろう》

（Ａ）冬が来た
八《や》つ手《で》の白い色も消え
公孫樹《いちょう》の木も箒《ほうき》になつ《っ》た

（Ｂ）もみ込《こ》むやう《よ》な冬が来た
人にいやがられる冬
草木に背《そむ》かれ、虫類に逃《に》げられる冬が来た

冬よ
僕《ぼく》に来い、僕に来い
僕は冬の力　冬は僕の餌食《えじき》だ

しみ透《とお》れ、つきぬけ
火事を出せ、雪で埋《う》めろ
刃物《はもの》のやう《よ》な冬が来た

(1) （Ａ）・（Ｂ）に入る言葉を次から選び、記号で答えなさい。（20点／一つ10点）

Ａ　**ア** ゆつ《っ》くりと　**イ** かすかに　**ウ** きつ《っ》ぱりと　**エ** たしかに
Ｂ　**ア** きりきりと　**イ** にぎやかに　**ウ** ほんのりと　**エ** さわやかに

Ａ（　　）　Ｂ（　　）

(2) ――線「刃物のやうな」とは、どういう意味で使われているのでしょうか。次から選び、記号で答えなさい。（10点）

ア 真っ白な　**イ** 危険《きけん》な　**ウ** 冷たい　**エ** するどい

（　　）

(3) この詩から、作者の冬に対するどういう気持ちが読み取れますか。～～線の三行を中心に考え、簡潔《かんけつ》に書きなさい。（10点）

（　　　　　　　　　　）

〔東京学芸大附属小金井中―改〕

10 短歌・俳《はい》句《く》

標準クラス

答え 別冊14ページ

1 次の短歌を読んで、(1)～(5)の問いについて、それぞれあとから最も適切なものを選び、記号で答えなさい。

馬鈴薯《ばれいしょ》のうす紫《むらさき》の花に降《ふ》る
雨を思へり
都の雨に
石川啄木《いしかわたくぼく》

(1) 作者はどこにいますか。（　　）
ア 故郷《こきょう》
イ 都(東京)
ウ 馬鈴薯の花の咲《さ》いている町

(2) 作者は、実際には何を見ていますか。（　　）
ア 都の雨　**イ** 馬鈴薯の花
ウ 馬鈴薯に降る雨　**エ** 故郷の雨

(3) 作者は何を思っていますか。（　　）
ア 都のこと　**イ** 故郷のこと
ウ 友達のこと　**エ** 馬鈴薯の花のこと

(4) この歌によまれた季節は、いつごろですか。（　　）
ア 二・三月ごろ　**イ** 五・六月ごろ
ウ 八・九月ごろ　**エ** 十一・十二月ごろ

(5) 作者の石川啄木は、いつごろの人ですか。（　　）
ア 平安時代　**イ** 江戸《えど》時代
ウ 明治時代　**エ** 大正時代

〔四天王寺羽曳丘中―改〕

2 次の俳句と文章を読んで、あとの問いに答えなさい。

星空へ店よりりんごあふれを《お》り　橋本多佳子《はしもとたかこ》

果物店の店頭に、往来へあふれるばかりうず高く、目が覚めるばかりの色彩《しきさい》のりんごが積まれてある。「（　Ａ　）」は秋の季語で、（　Ｂ　）秋の星空であり、天にも地にも、美しいものが充満《じゅうまん》している対照が鮮《あざ》やかである。星空へりんごがあふれているように表現しているが、もちろんこれは俳句特有の省略であって、満天に星をちりばめた、寒気厳《きび》しくなりつつある外気の中に、転がりそうに積まれてあるということである。「星空」の語が活気にあふれている明るい夜の商店街を思わせる。

(1) （　Ａ　）に入る適切な言葉を、俳句の中から三字でぬき出しなさい。

(2)（Ｂ）に入る、空の様子を表す言葉を次から選び、記号で答えなさい。（　　）

ア 今にも雪が降りだしそうな
イ かすみがかかった
ウ どんよりくもった
エ 美しく晴れわたった

(3)「星空へ…」の俳句によまれている季節に最も近い季節がよまれた俳句を次から選び、記号で答えなさい。（　　）

ア さざんかやさびしき道を友帰す　石川桂郎《いしかわけいろう》
イ 朝顔や一輪深き淵《ふち》の色　与謝蕪村《よさぶそん》
ウ したたかに水をうちたる夕ざくら　久保田万太郎《くぼたまんたろう》
エ 山路《やまじ》来て何やらゆかしすみれ草《ぐさ》　松尾芭蕉《まつおばしょう》

〔鳴門教育大附中―改〕

3 次の短歌の中の（　　）に入る言葉をあとから選び、記号で答えなさい。

(1)「寒いね」と話しかければ「寒いね」と答える人のいる（　　）　俵《たわら》 万智《まち》

ア 寒さ　イ あたたかさ
ウ 悲しさ　エ うれしさ

(2) はたらけど
はたらけどなおわが生活《くらし》楽にならざり
ぢ《じ》っと（　　）を見る　石川啄木

ア 人間　イ 時計　ウ 空　エ 手

4 次の短歌・俳句の中の（　　）には、場所を表す言葉が入ります。その言葉をあとから選び、記号で答えなさい。

(1) 清水《きよみず》へ（　　）をよぎる桜月夜《さくらづきよ》こよひ《い》逢《あ》ふ《う》人みなうつくしき　与謝野晶子《よさのあきこ》

(2) ゆく秋の（　　）の国の薬師寺《やくしじ》の塔《とう》の上なる一《ひと》ひらの雲　佐佐木信綱《ささきのぶつな》

(3) 荒海《あらうみ》や（　　）によこたふ《う》天の河　松尾芭蕉

(4) 菊《きく》の香《か》や（　　）には古き仏たち　松尾芭蕉

ア 佐渡《さど》　イ 鎌倉《かまくら》　ウ 祇園《ぎおん》
エ 奈良《なら》　オ 大和《やまと》

〔報徳学園中―改〕

時間 40分　合格 80点　得点　点

答え→別冊14ページ

1 次の文章を読んで、あとの問いに答えなさい。

短歌は「五音・七音・五音・七音・七音」の五つの句からなる合計三十一音の言葉の集合体です。限られた音数の中に思いがけない表現を一つ入れることで、短歌のおもしろさが広がります。次の短歌の（　）の中に入る言葉は何でしょうか。

遠足より帰り来る子はひとつずつ頭の上に（　　）をのせおり

（①）、空らんに入る言葉の字数を考えてみます。空らんは結句《けっく》(最後の句)にありますね。結句七音のうち（ⓐ）音は「（A）」が入っています。したがって、残りは（ⓑ）音。もし一字字余りになっていたとしても（ⓒ）音です。一字字足らずなら（ⓓ）音ですが、それではあまりにも短すぎますので、この場合は（ⓔ）音あるいは（ⓕ）音の語にしぼってあてはめてみましょう。

ウーン、遠足の帰りだから、「帽子《ぼうし》」でしょうか。それとも野原でつんだ「花」？　山で拾った「かき」や「くり」？　まさか「葉っぱ」や「石」をのっけていることはないだろうし……。

（②）、どの子も「（B）」のせている、というところが引っかかります。ならば、具体的な物体というよりは、目には見えないものの方がふさわしいのかもしれません。子どもたちは（C）でいるわけですから、「希望」「元気」なんていうのだったらわかりやすい。「夢」や「にじ」もいいですね。ウンウン、だいぶ近くなってきました。

（③）、作者の小島《こじま》ゆかりは、ここに「（D）」という言葉を入れました。

どの子も頭の上に小さな「（D）」をフワフワと浮《う》かべて帰って来た、というわけです。少しつかれて、けれどもたっぷりと満ち足りて……。やさしくなった子供《こども》たちの気持ちを、「（D）」が無理なく表してくれています。

（栗木京子《くりききょうこ》「短歌を楽しむ」）

(1) （ⓐ）～（ⓕ）には漢数字が入ります。その漢数字が正しい順に並《なら》んでいるものを次から選び、記号で答えなさい。(10点)　（　）

ア 五・二・一・三・二・一
イ 四・三・二・一・二・三
ウ 五・二・三・一・二・三
エ 四・二・三・二・二・三

(2)（Ａ）に入る言葉を書きなさい。（10点）
（　　　　）

(3)（Ｂ）に入る言葉を九字でぬき出しなさい。（10点）

(4)（Ｃ）に入る言葉を次から選び、記号で答えなさい。（10点）（　　）
ア つかれた気分　**イ** 楽しい気分
ウ 不思議な気分　**エ** さわやかな気分

(5)（①）〜（③）に入る言葉を、次から選び、記号で答えなさい。（15点／一つ5点）
①（　　）②（　　）③（　　）
ア さて　**イ** もし　**ウ** じつは　**エ** でも
オ あるいは　**カ** たとえば　**キ** したがって　**ク** まず

(6)（Ｄ）に入る言葉を次から選び、記号で答えなさい。（10点）（　　）
ア みかん　**イ** 木の葉　**ウ** 勇気　**エ** 夕日
オ 雲　**カ** 星　**キ** 羽　**ク** 花

(7)「たっぷりと満ち足りて……。」に続く言葉を、本文中から五字でぬき出しなさい。（15点）

〔同志社中―改〕

---

2 次の短歌の中の（　　）に入る色の名を、あとから選び、記号で答えなさい。（20点／一つ4点）

(1) 雪のうへ《え》に空がうつりてうす（　　）しわがかなしみぞしづ《ず》かに燃ゆなる
前田夕暮《まえだゆうぐれ》

(2) 薄野《すすきの》に（　　）くかぼそく立つ煙《けむり》あは《わ》れなれども消すよしもなし
北原白秋《きたはらはくしゅう》

(3) 信濃路《しなのじ》はいつ春にならむ《ん》夕づく日入りてしまらく*（　　）なる空のいろ
島木赤彦《しまきあかひこ》
*しまらく＝しばらく。

(4)（　　）色のちひ《い》さき鳥の形して銀杏《いちょう》散るなり夕日の岡《おか》に
与謝野晶子《よさのあきこ》

(5) 風かよふ《う》棚一隅《たないちぐう》に房花《ふさばな》の藤揉《ふじも》み合へ《え》ば（　　）の闇《やみ》
宮《みや》　柊二《しゅうじ》

ア 白　**イ** 黒　**ウ** 黄　**エ** 青
オ 緑　**カ** 赤　**キ** 紫《むらさき》　**ク** 金

〔灘　中〕

ハイクラス②

時間 40分　合格 80点　得点 　点

答え→別冊14ページ

1 次の文章を読んで、あとの問いに答えなさい。

明るい花や、暗い花、かわいい花や、寂《さび》しげな花。そういったイメージは、どこからくるのだろう。色や大きさや香《かお》りもさることながら、花の咲《さ》いている姿《すがた》、そのかたちによるところが大きいのではないかと思う。

空よりも水に惹《ひ》かれてうなだれる藤《ふじ》や柳《やなぎ》をモネは愛せし　さとうますみ

藤や柳のかたちをとらえた上《かみ》の句が*秀逸《しゅういつ》だ。なるほど、と思わせられる。

天に向かって、笑うように口を開いている花もあるが、そうではないものを好んだモネという人の心に、作者も共感しているのだろう。だからこそ、①藤や柳に共通する「かたち」を直観することができたのだと思う。

真直《まっす》ぐに歩いてきたとは言は《わ》ねども真直ぐに咲く水仙《すいせん》が好き　小林靖子《こばやしやすこ》

せすじをぴっと伸《の》ばして咲く水仙。花は、ややうつむきかげんだが、茎《くき》や葉は、まさに「真直ぐ」である。

「言はねども」と言いつつ、（　A　）という気持ちは持ってきたのだという自負は、あるのだろう。下《しも》の句の、きっぱりとした言い切りに、その思いが滲《にじ》んでいる。

チューリップの底いの渦《うず》が恐《こわ》いから見学の列はずれゆく子　柳詰美代子《やなづめみよこ》

「咲いた咲いた」の歌などで親しまれ、愛らしい花というイメージの強いチューリップだが、その②意外な側面に、子どもは反応した。

おわん型に咲いている花を上から覗《のぞ》けば、そこには不可思議な渦の模様《もよう》が見える。それが恐いというのだ。

常識にとらわれず、自分自身の感じ方に素直な、子どもならではの感性が感じられる一首である。

白薔薇《ばら》のつぼみてありぬひとひらがかすかに反《そ》りて夜明けを待てり

チューリップと同じ作者の歌だが、こちらは花そのものに即《そく》した詠《よ》みぶりだ。

つぼみの一枚《まい》だけが、かすかに反って、やがてくる開花のときに備えている。そのさまは、どこか少女から女性への脱《だっ》皮《ぴ》を思わせて、（　B　）色気が漂《ただよ》っている。モノトーンのなかで、かえって花のかたちが、印象的に描《えが》かれた。

反り返るグラジオラスの*緋《ひ》の蕾《つぼみ》つまめばふつと《ふっと》押《お》しもどしくる　江田浩之《こうだひろゆき》

先ほどの白薔薇と同じように反ってはいるが、対照的な姿を見せるグラジオラスの蕾だ。蕾全体が反って、グラジオラスらしい（　C　）咲きぶりを、すでに予感させている。
下の句には、花の力強い生命力が感じられ、たのもしい。思いがけずその力に触《ふ》れたという感じが、「ふっと」に、よく出ている。

（俵《たわら》　万智《まち》「花咲くうた」一部変更《へんこう》したところがあります。）

＊秀逸＝とりわけすぐれていること。
＊緋＝明るくて、こい赤色。

(1)　――線①「藤や柳に共通する『かたち』」とは、どのようなかたちですか。簡潔《かんけつ》に説明しなさい。(20点)

（　　　　）

(2)　（　A　）に入る言葉を次から選び、記号で答えなさい。(20点)

ア　真直ぐ歩いた　イ　真直ぐに歩きたい
ウ　真直ぐが好きだ　エ　真直ぐはきらいだ

（　　）

(3)　――線②「意外な側面」とは、チューリップのどのような点について述べたものですか。本文中の言葉を用いて書きなさい。(20点)

（　　　　）

(4)　（　B　）・（　C　）に入る言葉の組み合わせを次から選び、記号で答えなさい。(20点)

ア　B　はなやか・C　愛らしい
イ　B　優しい・C　寂しげな
ウ　B　清らかな・C　堂々《どうどう》とした
エ　B　力強い・C　はなやかな

（　　）

〔跡見学園中〕

2　次の短歌の説明・鑑賞《かんしょう》として適切なものを、あとから選び、記号で答えなさい。(20点／一つ10点)

(1)　石崖《いしがけ》に子ども七人腰《こし》かけて河豚《ふぐ》を釣《つ》り居《お》り夕焼《ゆうやけ》小焼《こやけ》
北原白秋《きたはらはくしゅう》

（　　）

(2)　土の上に白き線《すじ》引きて日ぐれまで子どもの遊ぶ春となりけり
島木赤彦《しまきあかひこ》

（　　）

ア　わが子によせるいとしさが、新鮮《しんせん》で感動的だ。
イ　子どものいる情景は、まるで童謡《どうよう》の世界のようだ。
ウ　待ちわびた季節が来た喜びが、のびやかに描かれている。
エ　さみしげな子どもたちの姿が描かれ、色彩《しきさい》の対比が美しい。

チャレンジテスト④

答え 別冊15ページ

時間 40分
合格 80点
得点 　　点

1 次の詩を読んで、あとの問いに答えなさい。

雨曜日　藤富保男《ふじとみやすお》

雨あがりの道をかえる①
蛙《かえる》いっぴき　とびはねて
寝《ね》ている仲間にとびかかり
刈《か》り込《こ》みのなかで　喧嘩《けんか》する
すると間もなく一滴《いってき》の
（　　）上から雨粒《あまつぶ》ふり
振《ふ》りむくと林は雨②
雨の音　木々《きぎ》にしみ入り
入り組む枝のすき間から
カラッと晴れた西の空
そら来たとばかり　とび出した
下をむけば　あらっ　さっきの蛙
帰る道々《みちみち》　蛙と共に

(1) ――線①「かえる」とありますが、なぜ漢字で書かないのでしょうか。その理由を次から選び、記号で答えなさい。(10点)　（　　）

ア わざとひらがなにして、詩全体のふんいきを子どもらしくしたいから。
イ 漢字よりもひらがなの方が家に「帰る」様子がいきいきと伝わるから。
ウ わざと「かえる」から「蛙」を思わせて、次の行につなげているから。
エ 全体を見渡《みわた》して、一行の文字数が少なくなるのをさけたかったから。

(2) ――線②「雨」とは、どんな雨でしょうか。次から選び、記号で答えなさい。(10点)　（　　）

ア 春雨《はるさめ》　**イ** 夕立　**ウ** 秋雨《あきさめ》　**エ** 時雨《しぐれ》

(3) この詩には、各行ごとに言葉の遊びがあり、とても楽しい詩になっています。次の各問いに答えなさい。(30点／一つ15点)

① どのような言葉のおもしろさですか。説明しなさい。
（　　）

② 言葉の遊びから考えると、（　）にはどのような言葉が入りますか。考えて、書きなさい。
（　　）

〔芝浦工業大中―改〕

2 次の文章を読んで、あとの問いに答えなさい。

こちらの句を読んでみてください。

蝌蚪《かと》一《ひと》つ鼻杭《はなくい》にあて休《やす》み居《お》り　星野立子《ほしのたつこ》

蝌蚪というのはおたまじゃくしのことです。たくさんの蝌蚪が群れ泳いでいる中で、よく見ると一匹《いっぴき》だけは、その鼻を杭にあてがって休んでいるよ！　って驚《おどろ》いているんですね。生物学的には、蝌蚪が休んでいるのかどうか、はともかく、蝌蚪には鼻があるんだとか、今休んでいるんだとか、これは立子さん独特の（　Ａ　）なのです。まるで、立子さん自身が蝌蚪になりきってしまったようで、ほんとうにおもしろいですね。

俳句《はいく》というのは、こういうふうに、それを読むことによって心がほっとしてたのしくなるものなのです。その瞬間《しゅんかん》、この世のすべてのわずらわしさから自由になって、幸せになることなのです。

でも、こんな俳句もあります。

冬蜂《ふゆばち》の死に所《どころ》なく歩行《ある》きけり　村上鬼城《むらかみきじょう》

（　Ｂ　）という暗く悲しい句です。

俳句はたのしいものなのだというと、それではこういう句はどうなのでしょうといわれるのですが、いってみればこういう不幸な句を読むことでさえ、それは幸せなことなのです。

不幸は心の中にくすぶっているときはさまざまな辛《つら》さとなります。けれど、その悲しさを一つの感情として、客観的に表現すると、その瞬間《しゅんかん》から、悲しい句は悲しいなりに、生き物（人間を含《ふく》めて）のいのちの真実が読み手の心を打ち、その辛さ、恐《おそ》ろしさ、こっけいさにさえも、心がしーんとなって、思わず衿《えり》を正し、日常生活のゆるんだ精神にカツを入れられる、ということになるのです。これが、生きてゆくことの勇気になるのでしょう。

（辻《つじ》　桃子《ももこ》「俳句の作り方110のコツ」）

(1) （Ａ）に入る言葉を次から選び、記号で答えなさい。（15点）

ア ゆかいな体験　イ たのしい発見

ウ あたらしい感動　エ むじゃきな疑問《ぎもん》

（　　）

(2) （Ｂ）に入る言葉を次から選び、記号で答えなさい。（15点）

ア 冬の朝に蜂が死んでいるのを見つけたが、何もしてやれないまま通りすぎた

イ 冬が来たのにまだ歩き回っている蜂に、生き物としての強い生命力を感じる

ウ 冬になっても歩いている蜂は、まるで死に場所を探《さが》しているかのようにみえる

エ 冬を乗りこえようと必死で歩いている蜂は、年老いた私をはげましてくれている

（　　）

(3) ——線部の理由について説明した次の文の解答らんに合う言葉を本文中から探し、書きなさい。（完答20点）

悲しい句のもつ、生き物の（　　　　　　）に心をひきしめられ、（　　　　　　　　　　）がわいてくるから。

〔武庫川女子大附中—改〕

11 構成を知る

標準クラス

1 次の文章を読んで、あとの問いに答えなさい。

《木綿《もめん》や木に囲まれていると、私たちは何か心のなごむのを覚える。それはこれらの材料がかつては生き物であって、ほのかな体温を伝えてくれるからだ。》

私たちはこれまで、木は時代遅《おく》れの原始的な素材だと思っていた。（　A　）それに新しい技術を加え、工業材料のレベルに近づけることが進歩だと考えた。その結果、改良木材と呼《よ》ばれるものが次々に生み出された。①それらは従来の木の欠点を補《おぎな》い、大量の需要《じゅよう》に応じて、生活を豊かにするのに大きく役立ってきた。たしかに木材工業は発展《はってん》したのである。

（　B　）最近になって、②一つの疑問《ぎもん》が持たれはじめてきたように思う。それは木というものは自然の形のまま使ったときが一番よくて、手を加えれば加えるほど本来のよさが失われていくのではないか、という反省である。考えてみるとそれは当たり前のことだったかもしれない。木は何千万年もの長い時間をかけて、【　ⓐ　】の摂理《せつり》に合うように、少しずつ体質を変えながらできあがってきた生き物だったはずである。木は【　ⓑ　】の子で、そのままが最良なのである。

だから木を構成する細胞《さいぼう》の一つ一つは、寒いところでは寒さに耐《た》えるように、雨の多いところでは湿気《しっけ》に強いように、微妙《びみょう》な仕組みにつくられている。あの小さな細胞の中には、人間の知恵《ちえ》のはるかに及《およ》ばない神秘《しんぴ》がひそんでいるとみるべきであろう。それを剥《は》いだり切ったり、くっつけたりするだけで、改良されると考えたこと自体、近代科学への【　ⓒ　】だったかもしれない。それはちょうど、一時流行した【　ⓓ　】を征服《せいふく》するという言葉が、実は思いあがりの面があったことが、いま反省されているのと同じ事情ではないだろうか。

木を取り扱《あつか》ってしみじみ感ずることは、木はどんな用途《ようと》にもそのまま使える優《すぐ》れた材料であるが、その優秀性《ゆうしゅう》を数量的に証明することは困難《こんなん》だということである。（　C　）強さとか、保温性とか、遮音《しゃおん》性とかいった、どの物理的性能をとりあげてみても、木はほかの材料に比べて、最下位ではないにしても、最上位にはならない。どれをとっても、中位の成績である。だから優秀性を証明しにくい、というわけである。

だがそれは、抽出《ちゅうしゅつ》した項目《こうもく》について、一番上位のものを最優秀だとみなす、項目別の［あ］評価法によったからである。③木はいま見方を変えて、［い］の総合的な評価法をとれば、どの項目でも上下に偏《かたよ》りのない優れた材料の一つということになる。木綿も絹も同様で、［う］評価法でみていくと最優秀にはならない。しかし「ふうあい」まで含《ふく》めた繊維《せんい》の総

答え→別冊15ページ

合性で判断すると、これらが優れた繊維であることは、実は専門家のだれもが肌《はだ》で知っていることである。（　D　）生物系の材料というものは、そういう性質をもつもののようである。

（小原二郎《こはらじろう》「日本人と木の文化　インテリアの源流《げん》」一部変更《へんこう》したところがあります。）

(1)（　A　）〜（　D　）に入る言葉を次から選び、記号で答えなさい。

ア なぜなら　**イ** だから

ウ 総じて　**エ** だが一方

A（　　）B（　　）C（　　）D（　　）

(2) ――線①「それら」の指し示す内容を、本文中から十字以上十五字以内でぬき出しなさい。

(3) ――線②「一つの疑問」の具体的内容を表す部分を本文中から五十五字で探《さが》し、その初めと終わりの五字をぬき出しなさい。

〜

(4)【　ⓐ　】・【　ⓑ　】・【　ⓓ　】に共通して入る二字の言葉を、本文中からぬき出しなさい。

(5)【　ⓒ　】に入る言葉を次から選び、記号で答えなさい。

ア 自信　**イ** 不信　**ウ** 過信　**エ** 迷信

（　　）

(6) あ〜うには、「タテ割《わ》り」、「ヨコ割り」のどちらかの言葉が入ります。それぞれ適切な方を書きなさい。

あ（　　）い（　　）う（　　）

(7) ――線③「木はどの項目でも上下に偏りのない優れた材料の一つということになる」とありますが、これを言いかえた次の文の（　①　）〜（　③　）に入る二字以内の言葉を、それぞれ本文中からぬき出しなさい。

木は、抽出した項目では（　①　）位にならないが、どの項目でも成績は（　②　）位なので、（　③　）的な成績では優秀である。

①

②

③

〔共立女子第二中―改〕

ハイクラス①

時間 40分　合格 80点　得点 　点

答え▽別冊16ページ

1 次の文章を読んで、あとの問いに答えなさい。

人を相手に働くサービス業や、自然を相手に米や野菜を作る農業とくらべると、工場でものを作る仕事は面白《おもしろ》くなさそうだ、と思う若い人は多いらしい。人や自然は変化に富んでいる。それにくらべたら工場の仕事は単調だという。

そんなことはない。

たとえば、①ネジというのは工業製品のうちでは、最もありふれた部品だが、同時にまたネジがなかったら、電車や自動車もテレビも、カメラも時計も…家だって建てることはできない。それほど大切な部品である。

大砲《たいほう》やピストルの砲身《ほうしん》には、螺旋《らせん》状のみぞが刻《きざ》んであって、これもネジの一種と考えられる。そのみぞで、直進する砲弾《ほうだん》が回転し、安定して進む。弓矢の矢羽根《やばね》の役割を果たす。水道の蛇口《じゃぐち》がネジだということは、たいていの人が思いつくが、電球の口金がネジだということは忘《わす》れている。身近すぎるとつい見落としてしまう。

そのネジは、漢字で書くと螺子《らし》・②捻子《ねんし》・捩子《れいし》といろいろある。③明治になって、ヨーロッパから近代機械技術が日本に入ってはじめて、ネジというものが使われるようになった。

巻貝の一種蜷《にな》(蝸《に》螺《な》)に似ているので、螺子という字が使われた。子は小さなものを表す接尾語である。いまでもＡ製螺《せいら》株式《かぶしき》会社とか、Ｂ螺子製作所と、螺の字を使った螺子工場は多い。捻《ねん》や捩《れい》は、ねじるという意味で、ねじり鉢巻《はちまき》とか、ひねり出すのように使われるが、捻子も捩子ももちろん当て字*である。

ネジの歴史が面白い。

ネジは、藤《ふじ》の木のように丈夫《じょうぶ》なつるが巻きついて、それが枯《か》れ落ちたあとの、螺旋状《らせんじょう》のみぞから思いついた、といわれている。ヨーロッパでは紀元前から、オリーブ油やワインを絞《しぼ》る圧搾《あっさく》*機に、すでにネジが使われていた。日本では、酒を絞るのにネジは使われず、テコに重石《おもし》をのせていた。

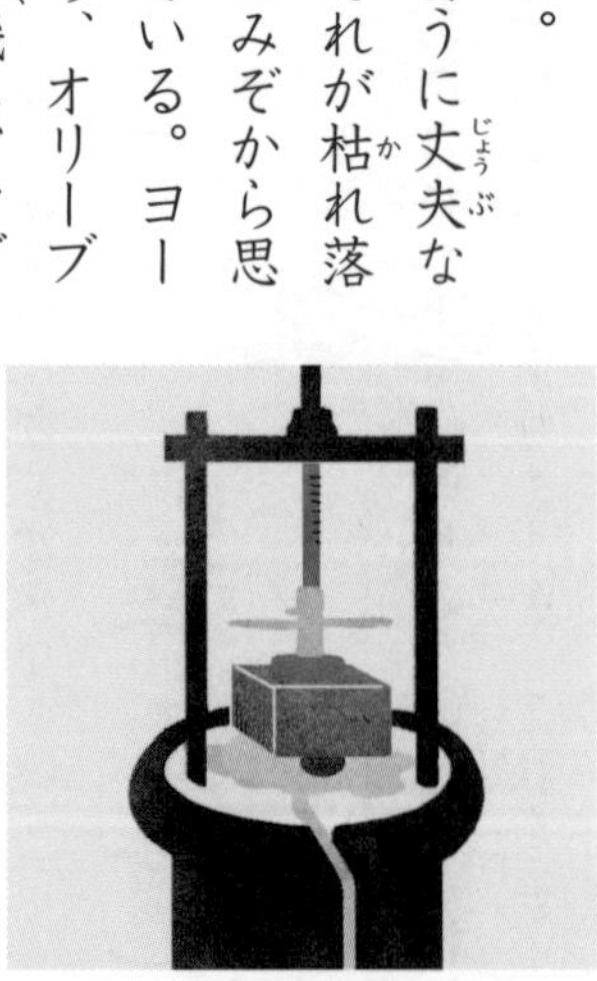

（　　）、紀元前の数学者・物理学者であるアルキメデスは、古代ギリシャ時代にすでにネジを利用した揚水《ようすい》*機を発明している。むろんまだ木製のネジである。

正確なネジを作る機械を、世界で最初に考案したのは、「モナリザ」で名高いレオナルド・ダ・ビンチだということも、面白い。人でも物でも、歴史を知ると親しみが増す。

（小関智弘《こせきともひろ》「ものづくりに生きる」）

＊当て字＝ここでは、ある言葉を表す漢字として、漢字の読み方を考

えず、意味からあてはめたもの、という意味。
＊圧搾機＝二つの板の間に、力を加えて水や油を絞りとるための機械。
＊揚水機＝水を高いところに上げるための機械。

(1) ――線①「ネジ」について、次の各問いに答えなさい。

① 筆者が紹介《しょうかい》するネジの発明とは、どのようなものでしたか。それが書かれている一文を本文中から探《さが》し、その初めの五字をぬき出しなさい。(20点)

□□□□□

② 正確なネジを作り出す機械を発明した人の名前を、本文中からぬき出しなさい。(10点)

（　　　）

(2) ――線②「捻子」の「捻」と「子」は、それぞれどういう意味ですか。本文中からぬき出しなさい。(20点／一つ10点)

「捻」（　　　）

「子」（　　　）

(3) ――線③「明治になって、ヨーロッパから近代機械技術が日本に入ってはじめて、ネジというものが使われるようになった」とありますが、それまでの日本では、ネジの代わりに、たとえばどのような道具を使っていたと書かれていますか。本文中からその道具名をぬき出しなさい。(20点)

（　　　）

(4) （　）に入る言葉を次から選び、記号で答えなさい。（　　）(10点)

ア しかし　イ むしろ　ウ つまり
エ また　オ でも

(5) この文章の内容に合うものを次から二つ選び、記号で答えなさい。(20点／一つ10点)（　）（　）

ア 若い人の中には、自然は変化が多いが、工場の仕事は同じくり返しで面白くないと思う人が多いようだ。
イ ネジは数多くの製品に用いられているが、新しい部品に代わられて近いうちに使われなくなるだろう。
ウ 大砲にネジのようなみぞが刻んであるのは、砲弾を回転させて安定して前に進ませるためである。
エ ヨーロッパでは二百年前にネジが発明され、様々な場所や道具に使われてきた。
オ ネジの歴史を知ることは、現在の私たちにはあまり関係がなく、つまらないことである。

〔京北中―改〕

11 構成を知る

ハイクラス②

時間 40分　合格 80点　得点　点

答え◎別冊16ページ

1 次の文章を読んで、あとの問いに答えなさい。

*マラウイでの水利用のありさまは、アフリカでは例外ではなくどこも似通っています。自宅まで、蛇口《じゃぐち》があるくらしができる人はアフリカ全体でも二〜三割《わり》でしょう。あとは井戸《いど》や自然水に水源《すいげん》をもとめ、女性や子どもが頭上運搬《うんぱん》をして水を家に運びます。しかもトイレが完備していない住宅が多く、大腸菌《だいちょうきん》などに汚染《おせん》されている水を使わざるをえない地域《ちいき》もたくさんあります。

　世界的にみても、六〇億の人口のうち、約二割にあたる十一億人が、①安全な飲み水が入手できない状態です。ひとり一日の水使用量は五〜一〇リットルくらいでしょう。それにくらべて、いわゆる先進国は、水の浪費《ろうひ》社会です。水洗便所はもちろん、庭の芝生《しばふ》の水まきなど、水はふんだんに使われています。世界で最も水の使用量の多い都市のひとつにアメリカの大都市があります。西部の乾燥《かんそう》地帯にあるロスアンゼルスでは、はるか数千キロはなれた山岳《さんがく》地帯から水をひきながら、一人一日あたり一〇〇〇リットル近い水を消費しています。アメリカにくらべるとヨーロッパの都市ではパリで一人一日あたり三〇〇リットル、ロンドンで二三〇リットルとなっています。

　日本人はヨーロッパ並《なみ》で、ひとり一日約三〇〇リットルの水を使っています。三〇〇リットルというと、ペットボトルを三〇〇本、並《なら》べた状態を想像してみてください。それもひとり一日ですから、四人家族だったらその四倍になります。

　今、日本人が日常生活で使う水のほとんどは水道です。河《か》川《せん》や湖沼《こしょう》やダム、地下水などの水源から水を引き込み、管を伝って何十キロも、場合によっては何百キロも最終的な水の利用場面まではこばれてくることもあります。中国では昔から物事の起源《きげん》をたどるたとえに、「飲水思源」（いんすいしげん）という言葉がありますが、今、先進国では、地理的にも水はますます「遠いところ」からひくようになっています。目の前の川水や井戸水を利用していた時代、日本でも水は「近い水」であったものが、ますます②「遠い水」になりつつあります。この近い、遠いは、地理的な意味だけでなく、社会組織的にも水を管理する組織は、ふつうの生活の中から遠くなっています。そのことが、結果的に、（　　　）としても、水を遠くしているのです。そして環境《かんきょう》に対して無責任な感覚がひろがっていきます。

　しかし、「遠い水」は一見便利で快適ですが、いざという災害などに弱いシステムでもあります。今水道が止まったら、私《わたし》達の日々のくらしはどうなるでしょう。一九九五年一月十七日、兵庫《ひょうご》県南部をおそった阪神《はんしん》・淡路《あわじ》大震災《だいしんさい》では、一瞬《いっしゅん》のうちに水道、下水道が破壊《はかい》され、水がとまりました。震災後、私自身が聞き取り調査をした時、飲み水はもちろん、洗濯《せんたく》、お風呂《ふろ》、便所に困《こま》ったという多くの人たちが、「近くの家の井戸があって救われた。」「ため池で洗濯した。」「河川で洗濯した。」「六甲山《ろっこうさん》までオートバイで湧《わ》き水を汲《く》みに行った。」と言っていました。

アフリカのチェンベ*村で暮《く》らしていると、③「万一の時」ということを心配しなくてもいい④不思議な安心感があります。「世界中から石油がなくなっても、電気がなくなっても、ここでは生きていける。」と思います。裏《うら》の畑でトウモロコシをつくり、目の前の湖から魚をとる。水も湖を使えます。

二十一世紀が始まった今、あらためて二十世紀をふりかえる絶好のチャンスです。そこで考えると、水文化のもつ社会的意味が再びうかびあがってくるでしょう。

（三和《さんわ》総合研究所《そうごうけんきゅうじょ》編「日本の水文化」）

*マラウイ＝アフリカ大陸南東部、マラウイ湖に面する国。
*チェンベ村＝マラウイ湖のほとりにある村。

(1) ――線①「安全な飲み水」とありますが、そうではない水とは、どんな水のことですか。本文中から十五字以内でぬき出しなさい。（20点）

(2) ――線②「遠い水」とは、具体的には何のことですか。同じ段落《だんらく》の中から二字でぬき出しなさい。（10点）

(3) （　）に入る言葉を次から選び、記号で答えなさい。（10点）

ア 社会　イ 地理　ウ 組織　エ 精神　（　）

(4) ――線③「万一の時」とは、どのような時のことですか。本文中から七字でぬき出しなさい。（20点）

(5) ――線④「不思議な安心感」があるのはなぜですか。次から選び、記号で答えなさい。（20点）

ア この村では生きていくのに必要な物が手に入るから。
イ この村ではどんな災難《さいなん》が起こっても生きていけるから。
ウ この村も将来《しょうらい》は暮らしが改善《かいぜん》されるだろうから。
エ この村ではもともと不便な暮らしをしているから。
（　）

(6) この文章の内容に合うものを次から選び、記号で答えなさい。（20点）

ア アフリカでは、安全な飲み水を手に入れるのに、先進国の援助《えんじょ》で井戸をほって水源にしている。
イ アメリカの大都市は水の使用量が多く、多くの都市で一人一日二三〇〜三〇〇リットルの水を消費している。
ウ 日本では、地理的・社会組織的に、水を管理する組織が、ふつうの生活の中から遠くなっている。
エ 阪神・淡路大震災のときの水不足の経験から、日本では「近い水」を利用する人が増えつつある。
（　）

（甲南女子中―改）

12 キーワードをつかむ

標準クラス

答え◎別冊17ページ

1 次の文章を読んで、あとの問いに答えなさい。

日本人がどれほど静けさを愛したかは、たとえば、*万葉《まんよう》のつぎのような歌を思い出すだけで充分《じゅうぶん》であろう。

　わが屋戸《やど》の　いささ群竹《むらたけ》ふく風の　音のかそけき
　この夕《ゆうべ》かも

夕風にそよいで、かすかな葉ずれの音をたてている群竹。作者の*大伴家持《おおとものやかもち》は、その静寂《せいじゃく》にじっと耳をかたむけている。①このような、かそけき音に惹《ひ》かれる心の姿《すがた》というものこそ、日本人特有の姿だった。古池にとびこむ蛙《かえる》の音、ほかの国の人たちがきいても、おそらく何の感興《かんきょう》もおこさないであろうような、そのような音を、日本人が何世代にもわたって味わいつづけてきたのは、それが「音」だったからではない。「静けさ」だったからなのだ。全山に降る蝉《せみ》しぐれ。岩にしみ入るようなその蝉の声に*芭蕉《ばしょう》は耳をとられ、そして、その一句に「閑《しず》さや」という適切な*初五《しょご》を置いた。

静かさというものは、音のない状態をいうのではない。音が音として、くっきり浮《う》かびあがる、そのような空間と時間をさすのである。音は「静寂」というカンヴァスに描《えが》かれて、はじめて「音」になるのであり、同様に、静かさというものは、そこに音がくっきりと浮《う》かびあがることによって「静寂」となる。

湯のたぎる音が茶室の静寂をささえ、*懸樋《かけい》の水音が庭の閑《かん》静《せい》をいっそう深いものにする。かぼそい虫の声が秋の夜の静けさを呼《よ》び、炭火のはじける音が冬の午後の沈黙《ちんもく》を生む。こうした「音」と「静寂」のこよなき調和の場こそ、日本人の愛した生活の空間であり、暮《く》らしの時間だった。

（　Ａ　）、「文明」が進み、「文化」が発展《はってん》するのと歩調を合わせて、静寂は私たちから、反対に遠ざかってしまった。日本の都会の、日本の町々の、どこに「群竹のかそけき音」を耳にしうる場所があろうか。ほんのわずかでも、ほんのいっときでも、静かに想《おも》いにふけることのできる空間や時間が、都会の、町々のどこに残されているというのか。

まったく逆なのである。②私たちの文明とは、静寂を騒音《そうおん》にかえることだったのであり、私たちの文化とは、「かそけき音」を拡声器《かくせいき》でただやたらに増幅《ぞうふく》することだったのだ。

日本の町々には、便利さのための、ありとあらゆる施設《しせつ》がつくられている。（　Ｂ　）、これからも、つくられようとしている。たったひとつ、「静寂の空間」を除《のぞ》いて。

（森本哲郎《もりもとてつろう》の文章──一部変更《へんこう》したところがあります。）

＊万葉＝奈良《なら》時代に作られた歌集「万葉集」の略。
＊大伴家持＝「万葉集」の代表的な歌人。
＊芭蕉＝江戸《えど》時代の俳人、松尾《まつお》芭蕉のこと。
＊初五＝俳句《はいく》（ふつう五・七・五音からなる）の初めの五音。
＊懸樋＝節をぬいた竹などで作った、水を引く装置《そうち》。

(1)（Ａ）・（Ｂ）に入る言葉を、次から選び、記号で答えなさい。
Ａ（　　）Ｂ（　　）
ア だから　**イ** たとえば　**ウ** なぜなら
エ だが　**オ** そして

(2) ――線①について、次の各問いに答えなさい。
① 「このような、かそけき音」とは、具体的にはどのような音ですか。本文中から十字以内でぬき出しなさい。

② 日本人特有の「かそけき音に惹かれる心の姿」の説明として最も適切なものを次から選び、記号で答えなさい。（　　）
ア 見ることよりきくことを、大きな音より小さな音を好んでいるため、どんな音でもききとり、歌などによんで愛しつづけてきた日本人の心。
イ ほかの国の人たちがきいても、何の感動もないような音だからこそ味わいつづけたいと、古代からずっと思いつづけてきた日本人の心。
ウ 日本人の惹かれていたかそけき音とは、実は音ではなく静かさであり、その音をきわだたせるような静かな空間・時間に惹かれている心。
エ 茶の湯のたぎる音や懸樋の水音を味わう心を、日本文化の伝統としていつまでも絶やさず守りつづけていこうとする人々の日本文化を思う心。

(3) ――線②「私たちの文明とは……増幅することだったのだ」とありますが、なぜ日本の現代の文明や文化は静寂をほうむり去ってしまったと考えられますか。次から選び、記号で答えなさい。（　　）
ア 現代の日本人は、騒音に慣れてしまい、静寂のなかのかそけき音がききとれなくなってしまったから。
イ 現代の技術では、小さな音を大きくすることはできても、その逆は難しいから。
ウ 近代文明のつくりだした騒音こそ、文明の発達の基準として重要だから。
エ 文明・文化という名のもとに、静寂を便利さというものと交換《こうかん》してしまったから。

〔北豊島中―改〕

12 キーワードをつかむ

ハイクラス①

時間	40分
合格	80点
得点	点

答え→別冊17ページ

1 次の文章を読んで、あとの問いに答えなさい。

《「専門《せんもん》家のための書き物」は「知っていること」を軸《じく》に書かれているが、「入門者のための書き物」は「知らないこと」を軸に書かれているので取り組みやすい。専門書は「周知のように」などとすることにより、本質的なものを問わないままに逸《そ》らしてしまっている。それに対して、よい入門書は……》

よい入門書は「私たちが（　A　）こと」から出発して、「専門家が言いそうもないこと」を拾い集めながら進むという不思議な行程をたどります。（この定義を逆にすれば「ろくでもない入門書」というものがどんなものかも分かりますね。「素人《しろうと》が誰《だれ》でも（　B　）こと」から出発して、「専門家なら誰でも言いそうなこと」を平たくリライト*して終わりという代《しろ》物《もの》です。私《わたし》はいまそのような入門書の話をしているのではありません。）

よい入門書は、まず最初に「私たちは何を（　C　）のか」を問います。「私たちはなぜそのことを知らないままで今日まで済《す》ませてこられたのか」を問います。

これは実にラディカル*な問いかけです。

なぜ、私たちはあることを「知らない」のでしょう？　なぜ今日までそれを「知らずに」きたのでしょう。単に面倒《めんどう》くさかっただけなのでしょうか？

それは違《ちが》います。私たちがあることを知らない理由はたいていの場合一つしかありません。「知りたくない」からです。より厳密《げんみつ》に言えば「自分があることを『知りたくない』と思っていることを知りたくない」からです。

無知というのはたんなる知識の欠如《けつじょ》ではありません。「知らずにいたい」というひたむきな努力の成果です。無知は怠《たい》惰《だ》の結果ではなく、（　ⓐ　）の結果なのです。

嘘《うそ》だと思ったら、親が説教くさいことを言い始めた瞬間《しゅんかん》に①ふいと遠い目をする子どもの様子を思い出して下さい。

子どもは、親が「世間話モード」から「説教モード」に切り替わる瞬間をしっかり見切って、即座《そくざ》に耳を「オフ」にします。教師に対しても、バイト先の店長に対しても同じです。子どもは「大人の説教」をひとことでも耳に入れないために、アンテナを張《は》り巡《めぐ》らし、「説教」の兆候《ちょうこう》がないかどうか、②不断の警戒《けいかい》を怠《おこた》りません。たいへんな努力だと思いませんか？

もしも子どもが単に不注意で怠惰であるだけだったら、「ついうっかりして、（　ⓑ　）」ということだって起こってよいはずです。でも、そんなことは絶対に起こりませんね。

あることを知らないというのは、ほとんどの場合、それを（　ⓒ　）からです。知らずに済《す》ませるための（　ⓓ　）を惜《お》しまないからです。

（内田《うちだ》　樹《たつる》「寝《ね》ながら学べる構造主義」）

＊リライト＝書き直す。
＊ラディカル＝ここでは、根本的という意味。

(1)（Ａ）～（Ｃ）に入る言葉の組み合わせを次から選び、記号で答えなさい。(10点)

ア Ａ知らない　Ｂ知らない　Ｃ知らない
イ Ａ知らない　Ｂ知らない　Ｃ知っている
ウ Ａ知らない　Ｂ知っている　Ｃ知らない
エ Ａ知っている　Ｂ知っている　Ｃ知らない
オ Ａ知っている　Ｂ知らない　Ｃ知っている

（　　）

(2)（ⓐ）に入る言葉を次から選び、記号で答えなさい。(10点)

ア 苦労　**イ** 競争　**ウ** 学習
エ 勤勉《きんべん》　**オ** 節約

（　　）

(3) ――線①「ふいと遠い目をする」とは、この場合どういうことですか。次から選び、記号で答えなさい。(20点)

（　　）

ア 自分の失敗を恥《は》じて、逃《に》げ出したい気持ちになること。
イ 将来《しょうらい》のことを考えて、説教をがまんすること。
ウ 昔のことを思い出して、なつかしい気持ちになること。
エ ほかのことを考えて、話を耳に入れないこと。
オ 自分が遠い場所にいると想像して、ひとり楽しむこと。

(4) ――線②「不断」とは、どういう意味ですか。考えて書きなさい。(20点)

（　　）

(5)（ⓑ）に入る言葉を次から選び、記号で答えなさい。(20点)

ア 親の説教を最後まで真剣《しんけん》に聞いてしまった
イ 親の説教をふざけ半分に聞いてしまった
ウ 親の説教に本気で逆らってしまった
エ 親の説教を初めからばかにしてしまった
オ 親の説教に感動しているふりをしてしまった

（　　）

(6)（ⓒ）・（ⓓ）に入る言葉を本文中からぬき出しなさい。(20点／一つ10点)

ⓒ（　　）
ⓓ（　　）

〔攻玉社中―改〕

時間 40分　合格 80点　得点 点

答え○別冊18ページ

1 次の文章を読んで、あとの問いに答えなさい。

それにしてもカモメ*たちは、どうやって帰宅《きたく》の時間を知るのだろう？ さあ、そろそろ帰ろうよ、とだれがいいだすのだろう。

それはおそらく体内時計の問題にちがいない。毎日、日の出とともに目を覚まし、昼間一日活動して夕方ともなれば、どの鳥もそろそろ休みたい、眠《ねむ》りたい、という生理的気分になってくるのだろう。日が傾《かたむ》きかけてくることも、それに拍車《しゃ》《はく》をかけるかもしれぬ。そしてその気分の強くなった鳥から、次々と飛び立つことになるのだろう。そしてそれに刺激《しげき》されて、他のも飛び立ちはじめるのだ。

けれど、まだ気分の熟《じゅく》していないのもたくさんいる。だから、だれいうとなく一斉《いっせい》に、というわけにはいかない。かつて動物行動学(エソロジー)なる分野を確立した一人であるイギリスのニコ・ティンバーゲンは、意向運動という言葉を使っている。ユリカモメが飛び立って輪を描《えが》いて飛びまわるのは、(A)という「意向」を示す動きなのだ。

①これは同じような気分になってきている他の鳥たちに伝わる。つまりその意味が理解されるのだ。すると、そういう鳥も同じ動きに加わってくる。これがだんだんみんなに伝わっていって、何十分間か経《た》つうちに、やっとほとんどのユリカモメの大きな柱ができるのである。

だから鳥たちをみていると、じれったくなる。はじめのうちは、いったい何をしようとしているのか、われわれにはわからない。そのうちに、そうだ、もう夕方も近いから、カモメたちはねぐらに帰るのだな、ということに気づく。だが、鳥たちはなかなか家路に向かおうとはしない。川の上をぐるぐるまわって飛んでいるだけだ。いずれは空高く昇《のぼ》っていくこともわかっているけれど、そうみるうちにというわけでは全くない。昇っていくのもあれば、同じ高さでまわっているだけのもいる。中には降《お》りてくるのさえいる。いったいいつになったらまとまるのだよ、と叫《さけ》びたくもなってくる。

けれど、あるときがくると、鳥たちは合意に達する。合意に達したら、あとは早い。急に方向を変え、ほぼ一斉に山の向こうへ消えてしまう。こういうのを民主主義というのだろうか？

やはりエソロジーを確立した一人であるオーストリアのコンラート・ローレンツは、彼《かれ》の著書《ちょしょ》の中でおそらくいちばんおもしろい『ソロモンの指環《ゆびわ》』のコクマルガラスの章の中で、カラスの声について次のようなことを述べている。コクマルガラスには「キャア」という声と「キュウー」という声がある。どちらの呼《よ》び声も「いっしょに飛べ」と誘《さそ》うものであるが、「キャア」と叫ぶのは遠くへいこうという生理的気分にあるとき、すなわち巣からよそへ飛ぼうとするときである。これに対して、「キュウー」は家へ、ということを強調する、のだと。

鳥たちが何かしようとするときは、彼らの間にこのような生理的気分が「（　Ｂ　）」してゆき、その結果、群れ全体がそろって、たとえば巣に帰るという統一された行動をとりうることになる。この「票決」にはたいへん時間がかかる。ユリカモメたちの行動も、ローレンツによるコクマルガラスの描写《びょうしゃ》とそっくりだ。

——鳥たちはまもなく巣へ飛んで帰るはずだ。やっと、二、三羽の年長の鳥たちが「（　ⓐ　）」という呼び声を出しながら飛び立つ。するとそれにひかれて全群が空に舞《ま》い上がる。けれども空中の鳥たちは、大部分まだ（　ⓑ　）気分にとどまっている。いつ果てるとも知れぬキュウー、キャアという呼び声をかわしながら、群れはぐるぐる輪を描いて飛び、ついに再び地上に降りてしまう。（そのうちに）ごくわずかずつ（　ⓒ　）の声が増してゆき、それが八割《はちわり》に達したとき、（　ⓓ　）気分はなだれのように広がって、ついに鳥たちは、文字どおり「（　Ｃ　）に」家路へ向かうのである。

②「民主主義にはすぐれたリーダーが必要だ」という矛盾《むじゅん》に満ちた警句《けいく》がある。この警句は鳥たちにはあてはまらないらしい。（日高敏隆《ひだかとしたか》「春の数えかた」一部変更《へんこう》したところがあります。）

＊カモメ＝あとのユリカモメのこと。

---

(1)（Ａ）に入る言葉を、本文中の語句を用いて十字以内で、文意が通じるように書きなさい。（20点）

(2)（Ｂ）に入る言葉を、——線①の部分をふまえて、漢字二字で書きなさい。（20点）

(3)（ⓐ）～（ⓓ）には、「キャア」か「キュウー」という鳥の呼び声が入ります。適切なほうを書きなさい。（20点／一つ5点）

ⓐ（　　）　ⓑ（　　）
ⓒ（　　）　ⓓ（　　）

(4)（Ｃ）に入る言葉をあとから選び、漢字に直して書きなさい。（20点）

いくどうおん　じゆうじざい
たんとうちょくにゅう　ひょうりいったい

(5)——線②にあるように、鳥たちの民主主義には必ずしも「すぐれたリーダーが必要ではない」と考えられるのはなぜですか。その理由を説明しなさい。（20点）

（　　）

（跡見学園中—改）

13 事実と意見を見分ける

標準クラス

1 次の文章を読んで、あとの問いに答えなさい。

《日本では、弥生《やよい》時代に大陸から稲作《いなさく》文化が入ってきてから、水田の近くに集落をつくり、定住する生活になった。》

集落の近くには林もつくられ、平坦《へいたん》地には開けた環境《かんきょう》が徐々《じょじょ》に広がっていきました。さらに、平坦地に続く里山は、燃料となる薪《たきぎ》や炭、家屋等の建築材料となる材木やカヤ、水田と畑の肥料として使われた草や木の枝、落ち葉などを確保する場として、大いに活用されました。

その里山に対し、奥山《おくやま》の森は伐採《ばっさい》されることはありませんでした。水田の水を確保するには、奥山の森に手をつけてはいけないことを知っていたからです。奥山には神を祭り、人が入ること自体をタブー視《し》していたのです。こうして、里山は人間の領域《りょういき》として大いに活用するのに対し、奥山は神の領域とする、日本文化の基本的な自然の利用形態が確立されたと、私《わたし》は考えています。その意味で、水田と集落があり、里山の向こうに奥山が控《ひか》えている風景は、日本の原風景といえるのです。

私が、里山と奥山を使い分けることを基本にした日本文化の重要性に気づいたのは、ライチョウの研究がきっかけでした。

ご存知《ぞんじ》のように、日本のライチョウは本州中部の高山帯に住み、人を恐《おそ》れない鳥です。二十年ほど前、信州大学に戻《もど》ってすぐのころ、日本のどの山に何羽のライチョウがいるかについて、恩師《おんし》の羽田健三《はねだけんぞう》先生、卒業生、研究室の学生たちとともに、数年かけて調査したことがあります。

この調査で、ライチョウの写真を撮《と》るには、他の鳥のように望遠レンズがいらないことを知りました。そっと近づけば、一メートルの距離《きょり》まで接近できるので、標準レンズで十分アップの写真が撮れるのです。

この調査以後、私はライチョウが人を恐れない鳥だと思い込《こ》んでいました。（　Ａ　）一九九四年の夏、アリューシャン列島を訪《おとず》れたとき、そこのライチョウを見て大変驚《おどろ》きました。人の姿《すがた》を見ると、一〇〇メートル先から飛んで逃《に》げるのです。そんなことは、日本のライチョウでは考えられないことです。その帰りに訪れたアラスカでも、同様に人の姿を見ると、飛んで逃げていきました。

（　Ｂ　）その二年後、一年間ほどイギリスを訪れる機会があり、スコットランド北部に生息するライチョウを見にいきました。するとそこでも、ライチョウは人を見ると飛んで逃げたのです。この時点で、人を恐れないのは日本のライチョウだけであることに気がつきました。

答え◎別冊18ページ

ライチョウは日本だけでなく、ヨーロッパ北部からロシア北部、アメリカ大陸北部、さらにはヨーロッパアルプス、ピレネー山脈などに広く分布します。日本のライチョウや、ヨーロッパアルプス、ピレネー山脈など南に隔離《かくり》分布するライチョウは、氷河が北に去る過程で、高山にとり残されたと考えられています。（ C ）、①日本のライチョウだけが人を恐れないのでしょうか。この問題を突《つ》き詰《つ》めていった結果、②人を恐れない日本のライチョウは、日本文化と深くかかわっていることに気づいたのです。

　奥山に入ること自体をタブー視《し》していた日本人は、神の領域である奥山の最も奥にすむライチョウに対して、畏敬《いけい》の念を持って接し、おそらくとらえて食べようとはしなかったのでしょう。（ D ）、欧米《おうべい》では、牧畜《ぼくちく》文化が基本です。ライチョウは古くからハンティングの対象であり、いまでもスウェーデン、ノルウェーなどの北欧《ほくおう》やアラスカでは、狩猟《しゅりょう》の対象になっています。ライチョウは、日本では神の鳥、霊鳥《れいちょう》であるのに対し、欧米では狩猟鳥といった文化の違《ちが》いが、かたや人を恐れず、かたや恐れるといったライチョウの行動の違いを生み出しているのです。

（中村浩志《なかむらひろし》「甦《よみがえ》れ、プッポウソウ」）

---

(1) （A）〜（D）に入る言葉を次から選び、記号で答えなさい。

A（　）　B（　）　C（　）　D（　）

ア ところが　**イ** これに対し　**ウ** さらに
エ とはいえ　**オ** あるいは　**カ** なぜ

(2) 昔からの日本の姿をあらわす風景とは、どのようなものでしたか。本文中からぬき出しなさい。

（　　　　）

(3) ——線①「日本のライチョウだけが人を恐れない」とありますが、日本のライチョウが人を恐れない理由が最もくわしく書かれている一文を本文中から探《さが》し、その初めの五字をぬき出しなさい。

□□□□□

(4) ——線②「人を恐れない日本のライチョウは、日本文化と深くかかわっている」とありますが、著者《ちょしゃ》は、どのような文化ととらえていますか。次の文の（　）に入る言葉を本文中から三十三字で探し、その初めと終わりの四字をぬき出しなさい。

（　　）という自然の利用をする文化。

□□□□〜□□□□

〔川村中—改〕

13 事実と意見を見分ける

ハイクラス①

時間 40分
合格 80点
得点 点

答え▽別冊19ページ

1 次の文章を読んで、あとの問いに答えなさい。

①化粧《けしょう》やアクセサリーなどのおしゃれによって皮膚《ひふ》に健康被害《ひがい》を受け、来院する子供《こども》たちが増えている。中高生だけでなく、最近では小学生の患者《かんじゃ》も目立つ。知識がないまま②外見だけを気にし、過剰《かじょう》なおしゃれに走ってしまう傾向《けいこう》には危機《きき》感《かん》を持っている。

成長期の子供は、体ができあがっている大人と違《ちが》ってまだ肌《はだ》が薄《うす》く、化粧品やアクセサリーを使って皮膚に刺激《しげき》を与《あた》えると、はれやかぶれ、金属アレルギーといった様々な疾病《しっぺい》のもとになる可能性が高い。こうしたトラブルを「おしゃれ障《しょう》害《がい》」とよんでいる。

原因として多いのがピアスによるもの。子供たちが勝手に自分で耳に穴《あな》を開けて、そこから雑菌《ざっきん》が入ってかぶれてしまう。虫ピンで穴を開けてただれてしまい、来院した中学生もいた。心配なのは友達同士で穴を開け合うこと。肝炎《かんえん》などのウイルスに感染《かんせん》する恐《おそ》れもある。

ほかにはアイメークやビューラー*、二重《ふたえ》まぶたにする化粧品など、目の周辺のおしゃれによるものも多い。先日も、二重まぶた用化粧品で目の周りが炎症《えんしょう》を起こしてしまった高校生がやってきた。話を聞くと「小学生のころから使っていて今更《いまさら》やめられない。二重まぶたでないと学校へは行けない」と言い張る。個性を発揮《はっき》するためではなく、欠点だと思っている部分を隠《かく》そうとして、おしゃれに走る子が多い。

体質に合わない染料《せんりょう》で髪《かみ》を無理やり染《そ》めてかぶれを起こす子や、ファンデーションまで使って毛穴をつまらせ、にきびを悪化させる子なども同様だ。周囲の目を気にしすぎるあまりに無理をして、トラブルを起こしてしまっている。

こうしたトラブルを通して、さまざまな親子関係もかいま見える。特に、やめるよう親に注意してもらっても、うまく子供に言い聞かせられないケースが多いのには驚《おどろ》く。

原因としては、③親が皮膚の障害について十分理解できていないこともあるが、何のためにおしゃれをするのか、そのおしゃれは本当に必要なのかと、④踏《ふ》み込《こ》んで話せていないことがあるようだ。

「かぶれてしまうから使わない方がいい」と言い聞かせるだけでなく、「生まれたままのあなたが一番(　　)」と言ってやることも大切だ。

さらにやっかいなのは、子供が置かれている状況《じょうきょう》にほとんど関心を示さない親たちの存在《そんざい》。親が無関心なために、子供が知識がないまま自分の体を傷《きず》つけてしまうのは、とても気の毒に感じる。ないしょでストレートパーマをかけ、頭皮がかぶれてしまった子がいたが、しばらくの間、親は変化に気付かなかったという。

「おしゃれをきっかけにして親子の会話ができるようにな

った」と話す親もいる。来院する小学生の中には、親が子供のおしゃれに積極的な場合もある。一緒《いっしょ》にマニキュアやピアスを買いに行き、子供を着飾《きかざ》らせたり、化粧をさせたりする。しかし、それは子供のことを考えてではなく、実は自分が目立ちたいからということもあった。

子供のおしゃれ障害を防ぐには、まず親がきちんとした知識を持つこと。たとえばビューラーは金属製でなくプラスチック製のものを使えば、アレルギーを防げる。リップクリームも、できるだけ香料《こうりょう》や色素などが入っていないものを選ぶ。化粧品やマニキュアは年齢《ねんれい》にみあった商品を選ぶようアドバイスする。

子供ときちんと向き合うことも大切。見た目がかわいければ少々《しょうしょう》無理してもいいといった風潮《ふうちょう》に流されずに、何のためにおしゃれをするのか話し合い、一緒に考える努力をすべきだ。学校でも皮膚の健康について教える機会がほとんどない現状では、親が果たす役割《やくわり》は大きい。

（岡村理栄子《おかむらりえこ》「子供におしゃれトラブル」一部変更《へんこう》したところがあります。）

＊ビューラー＝まつげをカールさせる化粧道具。

(1) 筆者はこの文章をどのような立場から書いているのでしょうか。次から選び、記号で答えなさい。(10点)（　　）

ア 子供をもつ親　イ 病院の医師
ウ 化粧品会社の開発担当者　エ 新聞記者

(2) ――線①「化粧……来院する子供たち」とありますが、子供が大人と比べて健康被害を受けやすい理由について述べた一文を本文中から探《さが》し、その初めの五字をぬき出しなさい。(20点)

(3) ――線②「外見だけを気にし、過剰なおしゃれに走ってしまう傾向」とありますが、これとほぼ同じ内容の表現を本文中から二十五字で探し、初めと終わりの五字をぬき出しなさい。(20点)

～

(4) 筆者は、子供の不適切なおしゃれを親がやめるように言い聞かせられない原因として、――線③「親が皮膚の障害について十分理解できていないこと」、――線④「踏み込んで話せていないこと」の二点を挙げています。これらを解決するために筆者がそれぞれ提案していることを、次の解答らんに合うように、本文中からぬき出しなさい。(30点／一つ15点)

③ こと。

④ こと。

(5) （　）に入る、筆者の考えをふまえた適切な言葉を考え、五字以内で書きなさい。(20点)

〔共立女子第二中―改〕

ハイクラス②

時間 40分
合格 80点
得点 　点

答え ◎ 別冊19ページ

1 次の文章を読んで、あとの問いに答えなさい。

このランタン谷*に、①僕《ぼく》たちのような外部の人間がこんなにも長くいたことが、そもそも間違《まちが》いだったようにも思えてくる。この場所の環境《かんきょう》は、それほど多くの人間、しかも、②ヒマラヤの厳《きび》しい自然に慣れていないよそ者を長く受け入れられるほどの余裕《よゆう》をもっていないのではないか？

僕たちは、氷河を調査することによって、この地球の気候や環境がどう変化しているかを調べるためにランタンに来たのだった。そして、その調査の結果、たくさんの新しいことがわかった。だが、僕たちがここに四〇日間もいたことによって、ランタン村の人たちは切らなくてもいい木を切り、自分たちの森を減らしてしまったのである。

一〇月三〇日。調査隊がついにキャンチェン*の山小屋を引き上げる日が来た。

僕たちは、その前日から必死になって、たまったゴミを小屋の裏《うら》につくったゴミ焼き場で燃やしていた。たくさんのゴミがある。気温が低いので生ゴミもなかなか分解しない。だが、いちばんやっかいなのは、気温や水温や、いろいろなものを計るために僕たちが使った電池である。電池は燃やそうと思っても燃えない。なるべくもって帰ることにしたが、それでも限界があった。ほかにもプラスチックや金属など、燃えにくいゴミがいろいろとある。

これらのゴミもまた、僕たちが完全に外からこのランタン谷にもちこんだものだった。僕たちが来てこんな調査をしなければ、こんなゴミは出なかったのである。

科学の研究とはなんだろうか？ 僕たちはまだ知らないことを明らかにしようとして、科学の研究をする。地球の自然や環境を知ろうとして、はるばるヒマラヤまでやってくる。だが、その研究をするために、③僕たちは逆にヒマラヤの自然や環境を多少なりとも壊《こわ》してしまったのだ。

まだ誰《だれ》も知らないことを初めて見つけるのは（　　）。でもそれは、自分が知りたいから、そうするのである。そのために、まわりはどうなってもいいのだろうか？ 言いかえると、④科学の研究のためには、何をしても許されるのだろうか？

美しいランタン谷に、ぼくたちの燃やすゴミの黒い煙《けむり》が、風にのって激《はげ》しい勢いで広がっていく。こんなふうに、せいいっぱい燃やしてゴミを残さないようにしているんだ、という気持ちと、それでも僕たちが来たことで、ランタン谷の環境は少しだけ壊れたのだという思いが、僕たちの中で交錯《こうさく》していた。

原子爆弾《ばくだん》をつくるような科学はいけないけれど、自然の秘《ひ》密《みつ》をさぐる科学、まだ人類が知らないことを明らかにしようとする科学はすべていいものだ、と思いこんでいた僕が、初めてそのことに疑《うたが》いをもったのは、村人たちから直接タキギを買い付けていたのが僕自身だったためかもしれない。目の前に積まれていくタキギの多さ、それを運んでいく子供《こども》たち。それを目の当《ま》たりにしなかったら、そんなことを考えなかったのかもしれない、と思う。（小野有五《おのゆうご》「ヒマラヤで考えたこと」）

＊ランタン・＊キャンチェン＝ともに、ネパールの地名。

(1) ――線①「僕たちのような外部の人間がこんなにも長くいた」とありますが、筆者たちは何のためにランタン谷に来たのですか。その理由を表す部分を本文中から四十字以内で探《さが》し、その初めと終わりの五字をぬき出しなさい。（20点）

□□□□□～□□□□□

(2) ――線②「ヒマラヤの厳しい自然に慣れていないよそ者」とありますが、それはどんな人のことですか。次から選び、記号で答えなさい。（20点）（　　）

ア ヒマラヤのような標高が高くて空気が薄《うす》く気温も低い地域《ちいき》には対応できない、一般的な体力しかない人。

イ ヒマラヤとは全く異なる都会の暮《く》らししか知らず、不自由な中で何とか便利な生活をしようとする人。

ウ ヒマラヤの自然が限度があるものと考えていても、多くの生活物資を消費しないと暮《く》らしていけない人。

エ ヒマラヤのように生活しづらく見える地域が、実は豊かな自然に恵《めぐ》まれている所だとわからない人。

(3) ――線③「僕たちは逆にヒマラヤの自然や環境を多少なりとも壊してしまった」とありますが、筆者たちが長くいたことによって、ヒマラヤの自然や環境の破壊《はかい》につながるどのようなことが引き起こされたのですか。「～こと。」に続くように、本文中の言葉を用いて五字以上七字以内にまとめて、二つ答えなさい。（20点／一つ10点）

・□□□□□□□こと。

・□□□□□□□こと。

(4) （　）に入る言葉を次から選び、記号で答えなさい。（20点）（　　）

ア 苦しい　イ 難《むずか》しい　ウ 易しい　エ 楽しい

(5) ――線④「科学の研究のためには、何をしても許されるのだろうか？」とありますが、筆者がこのような疑問《ぎもん》をいだくきっかけとなったのは、どんなことですか。本文中の言葉を用いて説明しなさい。（20点）

（　　　　　　　　　）

〔愛知淑徳中―改〕

14 要旨《ようし》をとらえる

標準クラス

答え 別冊20ページ

1 次の文章を読んで、あとの問いに答えなさい。

人間は考える動物です。きおくする動物です。しかし、きおくするのは、考えることの一部分にすぎません。①考えることの重要な要素の一つに、忘《わす》れることがあります。

《 中 略 》

人は、どんどん忘れます。ですから、忘れてはならないことを、人はメモします。読書も同じです。重要と思われるところに目印を付けます。付せんや折り目を付け、えんぴつやペンで線を引いたり色を付けたりします。くり返し考えなければならないかしょを、カードに写し、ノートし、長短にかかわらず「解説」を加える、などということもします。

若《わか》いとき、夢中になって読み、学んだ本をひっぱり出すと、各ページ、線とメモの山です。一冊《いっさつ》の書物に対して、引用し、自分なりの感想や批評《ひひょう》を書いたノートが一冊、という具合なのがあります。もちろん、何もかも、全部忘れています。私は、全部忘れてしまったこのようなこういを、むだである、などと思いません。しかし、②あるとき、最重要のページに目印を付け、重要かしょに線を引くこと以外、引用や「解説」めいたものを書くのを全部やめよう、と決心しました。

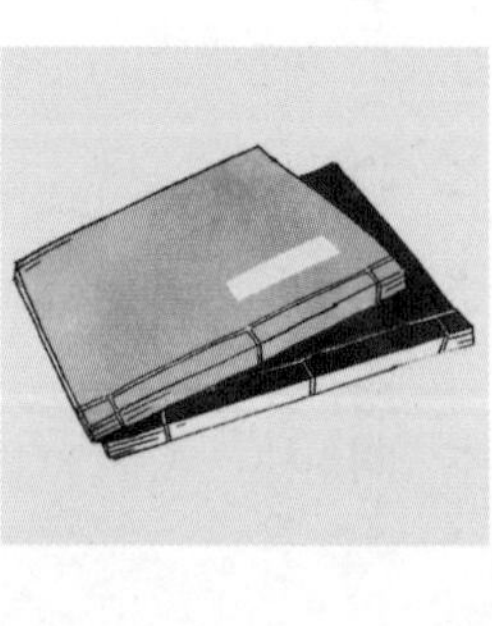

江戸《えど》時代、本は貴重品《きちょうひん》でした。必要なものをそろえるのは、大変な手間と、費用がかかりました。これは、諸《しょ》外国でも同じでした。ですから、写本が書物に対する基本的な関係になったのは当然でした。学生時代、必要な本をすぐにそろえることができるほど、豊かではありませんでした。それに、元来が、ちょっと、ケチな性分《しょうぶん》でした。そろわないのは、図書館や友人から借りて、必要なところを書き写すということをくり返し、コピー機がふきゅうしてからは、機械にたくす、ということになりました。しかし、労力と、後の管理を考えると、必要な本は、無理しても、自家用としてそろえるのが一番なのです。最も安上がりなのです。必要な情報や知識が、自分の身の回りにあり、必要に応じて③それを取り出せばいい、ということになります。どんなに忘れても、こわくなくなるのです。

この決心以来、書物に対する関係が、うんと楽になりました。学んで、覚える対象から、（　　　　）対象になりました。どんな種類の本もです。必要になれば、取り出して、くり返し参照すればいいのです。

しかし、みょうなもので、楽しんで、忘れてもいい、と思ったとたん、書物は、重要かしょは、反対に、忘れがたいものになったのです。ぴしっと、正確に覚えているわけではありませんが、どういうテーマで、どういう思考の回路が、どの本の、どのかしょにあったのかの、りんかくくらいはきおくの片《かた》すみに残っているのです。ですから、特定のテーマを考えようとする場合、どの本の、どのかしょを参照すればいいのかの、手がかりていどの目安は、容易につくということになりました。④それさえも残らない本のことは、完全に忘れてしまっても、いい、と思いなすことが重要です。

（鷲田《わしだ》小彌太《こやた》「自分で考える技術」一部変更《へんこう》したところがあります。）

(1) ——線②「あるとき……全部やめよう、と決心しました」とありますが、全部やめたことで、筆者が気づいたことを次から選び、記号で答えなさい。（　　）

ア 本をそろえるのに多少費用がかかるということはどの国も同じなのだということ。

イ 目印を付け、メモを書き、「解説」を加えなければ全部忘れてしまうのだということ。

ウ 図書館や友人から借りて、必要なところを書き写すのがよいことなのだということ。

エ 覚えていようとしなくても本の内容のりんかくくらいは残るものなのだということ。

(2) ——線③・④の「それ」が指している内容を、それぞれ本文中から十字以内でぬき出しなさい。

③

④

(3) （　）に入る言葉を、本文中の語句を用いて、十字以内で考えて書きなさい。

(4) ——線①「考えることの重要な要素の一つに、忘れることがあります」とありますが、その理由として本文から読み取れることを、次から選び、記号で答えなさい。（　　）

ア 本から学んだことは、覚えておくより、書き写すほうが、考えを整理できるため。

イ 忘れてもよいのだと思う安心感が、考えることをよりいっそう楽にさせるため。

ウ 正しい思考の回路を作る上で、暗記していることが必ずしも正しいわけではないため。

エ あいまいなきおくに頼《たよ》るより、本をくり返し参照するほうが確実な情報を得られるため。

〔桜美林中—改〕

14 要旨《ようし》をとらえる

ハイクラス①

時間	40分
合格	80点
得点	点

答え◎別冊20ページ

1 次の文章を読んで、あとの問いに答えなさい。

《*磨製《ませい》石器によって、森がひらかれて農業が盛《さか》んになった。この*新石器時代に、仮住まいではない、定住するための「家」が誕生《たんじょう》した。》

家の出現は、人々の日々《ひび》の暮《く》らしに安らぎといこいをもたらす。冬は暖《あたた》かく、夏は涼《すず》しく、陽《ひ》が落ちて暗くなっても炉《ろ》には火が燃えている。家のなかには風も雨も雪も入ってこないし、腹《はら》のへったクマやトラやライオンに襲《おそ》われる心配もない。家族の絆《きずな》もさぞ強まったことだろう。でも、家の効果は①そうした日常的なことや実際的なことだけではなかった。②人の心や精神にとって、きわめて重要な役割《やくわり》を果たした。

さきに述べたように、新石器時代に入ってはじめてちゃんとした家が出現した。ちゃんとした家は、屋根に葺《ふ》いた茅《かや》や樹皮《じゅひ》や獣皮《じゅうひ》さえ補修《ほしゅう》すれば三十年、四十年と、当時の人間の一生分は軽くもつ。人は一つの家で生まれ、死ぬことが可能になった。このことは何を意味するんだろう。

農耕・牧畜《ぼくちく》が始まってからでも、狩猟《しゅりょう》は併行《へいこう》して続けられていたが、狩猟時代とちがい、狩《か》りが終わると獲物《えもの》をもって決まった家に帰る。（　　　）、秋の鮭《さけ》の上る時期に、鮭狩りに出かけたとする。河辺の仮小屋を根城に魚獲《と》りと燻製《くんせい》作りに励《はげ》み、漁期が終わって獲物を背《せ》に帰路につき、峠《とうげ》の上から村の光景を望んだ時の気持ちを想像してみよう。自分が修学旅行や夏休みの休暇《きゅうか》で長期に家を空けた時のことを思い出してください。③「懐《なつ》かしい」と思う。どうしてそう思うのか。

もし自分がいない間に作り替《か》えられていたら、ガッカリしこそすれ懐かしさはない。逆にわけのわからない怒《いか》りがこみ上げるかもしれない。家が変わっていなかったからこそ懐かしいという気持ちが湧《わ》いてきたのだった。

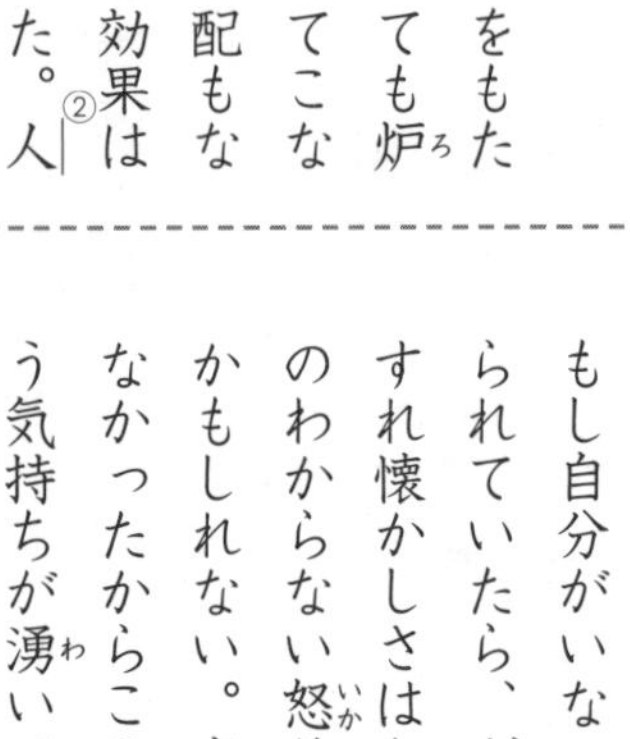

懐かしいという心の動きは、喜怒哀楽《きどあいらく》の感情とはちがう不思議な感情で、人間にしかない。犬は古い犬小屋を振《ふ》り返ってシミジミするようなことはしない。人間が、昔のものが変わらずにあるシーンに出会った時に、この感情が湧いてくる。

その時、自分の心のなかでは何が起きているんだろう。

おそらくこうなのだ。久しぶりに見た家が昔と同じだったことで、今の自分が昔の自分と同じことを、昔の自分が今の自分まで続いていることを、確認《かくにん》したのではあるまいか。自分はずっと自分である。

人間は自分というものの時間的な連続性を、建物や集落の光景で無意識のうちに確認しているのではないか。

新石器時代の安定した家の出現は、人間の自己《じこ》確認作業を強化する働きをした。このことが家というものの一番大事な役割なのかもしれない。

（藤森照信《ふじもりてるのぶ》「人類と建築の歴史」一部変更《へんこう》したところがあります。）

＊磨製石器＝石をとぎみがいて作ったもの。

＊新石器時代＝石を打ち欠いて作った打製石器のみを使用していた時代を旧石器時代、打製石器とともに磨製石器が使用されるようになった時代を新石器時代という。

(1) ——線①「そうした日常的なことや実際的なこと」とは、どのようなことですか。それを説明した次の文の解答らんに合う適切な言葉を考え、書き入れなさい。（30点／一つ10点）

快適な［　　　］や［　　　］を維持《いじ》し、［　　］状きょうや外敵《がいてき》から身を守ったり、日々の暮らしに安らぎやいこいをもたらしたり、家族の絆を強めたりすること。

(2) ——線②「人の心や精神にとって、きわめて重要な役割を果たした」とありますが、どんな「役割を果たした」のですか。本文中から二十字以内で探《さが》し、その初めと終わりの五字をぬき出しなさい。（20点）

［　　　　　］～［　　　　　］

(3) （　）に入る言葉を次から選び、記号で答えなさい。（　）（10点）

ア しかし　**イ** たとえば

ウ だから　**エ** なぜなら

(4) ——線③「懐かしい」とありますが、どんな時のどういう気持ちのことですか。「～気持ち。」に続くように、本文中の言葉を用いて三十五字以内で書きなさい。（20点）

［　　　　　　　　　　　　　　　　　　　］気持ち。

(5) この文章の内容として適切でないものを次から一つ選び、記号で答えなさい。（20点）（　）

ア 新石器時代の家は、部分的に手入れをしながら、人間の一生分の年数は保つことができた。

イ 農耕や牧畜が始まってから、人間は一か所に定住するようになり、狩猟は行われなくなった。

ウ 人間は、今の自分と昔の自分が同じ自分であることを、建物や集落の光景で確認したと思われる。

エ 家の出現によって、人間は快適さやいこいを手に入れただけでなく、精神的にも成熟《せいじゅく》していくことになった。

〔金蘭千里中―改〕

14 要旨《ようし》をとらえる

ハイクラス②

時間 40分
合格 80点
得点 点

答え→別冊21ページ

1 次の文章を読んで、あとの問いに答えなさい。

生きていく上で、楽しいことがあったり、くやしいことがあったりする。それらがまざりあって、人生をつくる。それは、ひとつのドラマだ。

このドラマにあって、主人公はきみしかいない。だれも、代役はない。そして、一見はつまらなそうな場面でさえ、このドラマの主人公はきみであって、はでにふるまっている他人ではない。きみだけが、ドラマの主人公なのだ。

もっとも、ドラマというには、ハッピーエンドがない。死がドラマを中断する。それでも、生きているかぎり、①このドラマを見つづける観客も、これまた、きみだけだ。

《中略》

ときには、自分に向けての役者として、演技をしちゃったりしてもよい。楽しいのも、くやしいのも、演技にしてしまえば、笑うのだって泣くのだって、あまり遠慮《えんりょ》がいらない。観客としての自分を楽しませるため、ときに道化《どうけ》てみるのもよい。人生をプレイする精神は、とてもよいものだ。

（ⓐ）、これがきみだけのドラマであるからには、役者であれ観客であれ、途中《とちゅう》で投げるわけにはいかない。いつでも、きみのドラマにたいして誠実《せいじつ》であるよりない。人間というものは、どんなときでも、自分にたいしてだけは、誠実であるべきだ。

本当は、生まれたときから、このドラマは始まってしまっていたのだが、それが、きみに固有のドラマであることに気づきはじめるのは、たぶんきみたちの年ごろからが、多いだろう。②舞台《ぶたい》には、いろいろとやっかいな道具だてがあったり、芝居《しばい》の筋《すじ》がまがりくねっていたりもするが、それらが、きみのドラマのために用意されている、と思うようになれるのは、きみたちの年令《ねんれい》からだろう。

ここで、どんなときでも、他人が主人公だと思ってはいけない。きみのドラマにあって、きみ以外の他人を、主人公にはできない。きみの人生を生きるのは、きみしかいないからだ。

（ⓑ）、きみの人生は、きみにとってだけ、すばらしい。きみのドラマにとって、他人たちは、みな脇役《わきやく》だ。敵役《かたきやく》めいた連中だって、きみのドラマを成立させるために、奉仕《ほうし》しているのだ。どんな場面にしろ、きみがぞんぶんにプレイできるよう、用意された舞台だ。このドラマでは、すべてが、きみのためにある。

きみ自身以外にも、他人という観客がいるかもしれないが、彼《かれ》らは通りすぎていく。だれよりも、自分という観客に向かって、満足のいくプレイを見せてやらねばならない。他人が拍手《はくしゅ》しようが口笛を吹《ふ》こうが、きみにとって大事な観客は、これまた、きみ自身だ。他人に満足させるより、きみ自身に満足させることが大事だ。どんなときでも、自分という観客に見られていることだけは、忘《わす》れないほうがよい。

そして、このドラマが、ほかのだれでもない、自分だけのために用意されていることだけは、何よりも大事にしたい。それより大事なことなんて、ぼくには考えられない。

そうした自分の大事さを信じることが、自信というものだと思う。才能とか財産とか経歴とか、そんなものがなにもなくても、はだかの自分自身、その自分がほかのだれでもない自分で、自分のドラマの主人公であることを信じるのが、本当の（　A　）だと思う。そしてだれでも、自分だけは信ずることができる。

そして、自分にとって、このドラマはすばらしい。だれにとっても、どんな場面であろうとも、自分が生きていくということは、ほかの何ものよりも、すばらしい。それが、人間が生きていく、ということだ。

ただし、このドラマは、自分ひとりで演じられるものではない。さまざまの人間たちの間でしか、ドラマは成立しない。

ぼくは、（　B　）がなにより大事だと思っているが、その（　C　）のためには（　D　）が必要で、したがって、（　E　）をとても大事に思う。それも、自分と意見がちがったり、好みがちがったりしてくれる他人がたくさんいてくれて、とてもありがたい。

（森《もり》 毅《つよし》の文章——一部変更《へんこう》したところがあります。）

---

(1) ——線①「このドラマ」とは、具体的には何を指していますか。ここより前の本文中から漢字二字でぬき出しなさい。（20点）
　□□

(2) （ⓐ）・（ⓑ）に入る言葉を次から選び、記号で答えなさい。（20点／一つ10点）
ア もしくは　**イ** けっして　**ウ** むしろ　**エ** でも
オ まして　**カ** だから
ⓐ（　　）ⓑ（　　）

(3) ——線②「舞台には、……いたりもする」とありますが、ここに使われている表現の説明として最も適切なものを次から選び、記号で答えなさい。（20点）（　　）
ア 実際の様子よりもおおげさな書き方をしている。
イ あるものを他のものにたとえて分かりやすくしている。
ウ 同じ表現をくり返し用いて意味を強めている。
エ 過去のことを今経験しているかのように言っている。

(4) （A）に入る漢字二字の言葉を、本文中からぬき出しなさい。（20点）
　□□

(5) （B）〜（E）には、「自分」と「他人」のどちらかが入ります。それぞれ適切なほうを書きなさい。（20点／一つ5点）
B（　　）　C（　　）
D（　　）　E（　　）

〔鎌倉女子大中—改〕

チャレンジテスト⑤

時間　40分
合格　80点
得点　　　点

答え→別冊21ページ

1 次の文章を読んで、あとの問いに答えなさい。

宮崎《みやざき》県の幸島《こうじま》は周囲四キロの小島である。小島だが、亜熱《あねっ》帯《たい》性の原生林に覆《おお》われたみごとな森の島である。周囲は海に囲まれているが、①群れのサルは決して海に入らなかった。しかし、わたしたち人間と接しえさをもらうようになってから、浅い海にこぼれたえさにつられて、②子ザルが海に入るようになった。夏は海に入ると気持ちがよいので、岩から跳《と》び込《こ》んで海水浴をして楽しむ子ザルも現れた。泳ぐという行動は生まれつき持っていて、いったん海へ入ればだれでも泳ぐことができる。しかし、この群れは海へは入らない、という文化を持っていたのだ。そのしきたりを子供《こども》が破り、大方のサルが海に入るようになった。

*カミナリはピーナツが大の好物である。これだけは断固独《どく》占《せん》したい。カミナリを海へ入れてみようと海岸の岩に連れてゆき、目の前の海にピーナツを投げた。彼《かれ》は手を伸《の》ばして取ろうとするが、決して海へは入らない。手がぬれることさえ嫌《いや》なのだ。子供たちはピーナツを見て次々《つぎつぎ》に海へ跳び込み、泳ぎながら拾って食べるのを、カミナリは（　Ａ　）見ているだけだ。

この光景を見ていて、わたしはぐっと胸《むね》に来るものがあった。何が創造力《そうぞうりょく》を動かしていくかについて、考えさせられたのである。カミナリはわたしが知っているリーダーの中では最も優《すぐ》れた、いわば名君と言ってもよいリーダーである。しかし、非常に保守的でイモ洗《あら》いなどの新しい行動型はすべて身につけない。これは年寄ったサルに共通の性質である。一方、新しい行動を開発していくのは、少年少女期の若《わか》いサルたちである。つまり、彼らは今までのしきたりにとらわれない柔軟《じゅうなん》さを身につけているからだ。

カミナリにすれば、海は危険《きけん》だから入ってはならない、という習慣を身につけてきた。若い者があまいえさにつられて海へ入るとは、なんと愚《おろ》かな行為《こうい》だと思っているだろう。一方、若者たちは、海へ入れば気持ちがよいし、ピーナツも拾えるのに、なんという頑固《がんこ》なおやじだろうと小ばかにしているだろう。《中略》

海へ入るのは、確かに危険なことだ。特に荒《あ》れている時は、突然《とつぜん》大波が襲《おそ》い、沖《おき》合いにさらわれるということもあろう。しかし、子供たちは海に入ることにより、年寄りたちが知らない新しい世界を開いたのだ。泳ぐ、水に潜《もぐ》るといった楽しさは、山の中にいては絶対に味わうことができない*だいご味《み》である。

岩の上のリーダーと海の中の若いサルたちの構図から、人間社会での大人と子供の関係について、いくつかの教訓を得ることができる。つまり、この構図は、そっくり（　B　）を（　C　）に置き換《か》えることができるということだ。年がいくと保守的になり、若い者の行動型や思考様式が理解できなくなる。そして、若者との間に価値観《かちかん》の上で大きなギャップができ、お互《たが》いに相手の行動を非難《ひなん》し合うようになってしまう。こうなると、もはや（　D　）と（　E　）の関係になり、相互《そうご》の疎外感《そがいかん》を深めるだけである。

③サルたちの間では、このギャップはどうしようもなく、埋《う》め合わすことができない性質のものだ。だが、人間はそうあってはならないし、ギャップを埋めて相互《そうご》理解の土俵《どひょう》を築くことができるはずである。年がいっても、柔軟な思考と深い理解を持つことができるのが、人間の特性である。それができず、保守頑迷《がんめい》であれば、その人の頭脳《ずのう》はサル並《な》みのレベルにとどまっていると言うべきであろう。

もう一つは、すでに述べてきたことだが、いたずらに危険を恐《おそ》れていては、新しい発見や地平を開くことができないということだ。冒険《ぼうけん》心こそ若者の特権《とっけん》である。

（河合雅雄《かわいまさお》「子どもと自然」一部変更《へんこう》したところがあります。）

*カミナリ＝幸島にすむサルの名。
*だいご味＝本当のおもしろさ。
*頑迷＝がんこで道理がわからないこと。

(1) ――線①「群れの……入らなかった」とありますが、それはなぜですか。「～から。」に続く言葉を本文中から二十九字で探《さが》し、初めと終わりの五字をぬき出しなさい。（20点）

□□□□□ ～ □□□□□ から。

(2) ――線②「子ザルが海に入るようになった」とありますが、以前と異《こと》なり、子ザルが海に入るようになったのは、何を身につけているからですか。「何」にあたる言葉を本文中から十八字で探し、初めと終わりの五字をぬき出しなさい。（20点）

□□□□□ ～ □□□□□

(3) （A）に入る言葉を次から選び、記号で答えなさい。（10点）

ア うらやましそうに　イ 楽しそうに
ウ いまいましそうに　エ つらそうに

（　　）

(4) （B）・（C）に入る言葉を、本文中からぬき出しなさい。（20点／一つ10点）

B（　　）C（　　）

(5) （D）・（E）に入る言葉を、次から選び、記号で答えなさい。（10点／一つ5点）

ア 氷　イ 水　ウ 湯　エ 火　オ 油　カ 空気

D（　　）E（　　）

(6) ――線③のようになってしまうのは、なぜですか。理由を説明しなさい。（20点）

（　　）

〔香川県大手前中―改〕

チャレンジテスト⑥

時間 40分
合格 80点
得点 点

答え⇒別冊22ページ

1 次の文章を読んで、あとの問いに答えなさい。

「人間は生きものであり、自然の一部である」というあたりまえのことを基本に置いた社会を組み立てて人類の未来を明るいものにしたい。科学技術が急速に生活の中に入《はい》り込《こ》み、グローバル化という言葉を日々《ひび》耳にし、金融《きんゆう》資本主義に振《ふ》り回《まわ》されてきた二十世紀後半から二十一世紀にかけての時を、生きものの研究で過《すご》してきた者として思うことである。

「人間は生きものであり、自然の一部である」ということは、現生人類が地球上に誕生《たんじょう》した二十万年ほど前からの事実である。だからこそ、そこから離《はな》れた生き方を求め続けてきたのが人類の歴史であったと言ってもよい。とくに近年は、科学技術の急速な進歩によって空調をした高層《こうそう》ビルが並《なら》び、終夜《よもすがら》灯火《ともしび》で明るい街での暮《く》らしが日常になった。①生きものとしての感覚がはたらかない社会ができ上がっており、進歩・成長を求める社会である。しかしこの延長《えんちょう》上に明るい未来を描《えが》けるようには思えなくなってきているところに問題がある。そこで、二十一世紀のこの時点で「人間は生きものであり、自然の一部である」という事実の意味を問い、それを基本に置く社会を組み立てるために、現代の知を総動員したい。

ここでまず気になるのは、「グローバル」という言葉である。これは、二十世紀末以来、米国主導型金融《きんゆう》市場経済《けいざい》によるお金と軍事で動く権力《けんりょく》とが世界を席巻《せっけん》する社会をさす言葉として使われている。そして日本の場合、子どもに英語やコンピュータを修得させることがグローバルへの対応とされている。②「グローバル」という言葉の本来持つ意味を考えることなく、薄《うす》っぺらにグローバル、グローバルと唱えているうちに、「本質を考える」という本来言葉によって行なうはずのことを忘《わす》れているのが今の社会である。「グローブ」とは「地球」であり、現代を表現するのにこれほど適した言葉はないと言ってよいのにである。

二十世紀後半から二十一世紀へかけて起きた大きな知の変化は、「地球の意識」であった。一九六〇年代、米国のアポロ計画を中心に、宇宙《うちゅう》へと飛び出すというフロンティアが示された。近代の歴史は、領土の拡大《かくだい》と科学技術によるフロンティアを求める拡大・成長に象徴《しょうちょう》される。それが宇宙にまで向けられた新しい時代が到来《とうらい》したのである。そして、月着陸の成功は、世界中の人に夢を与《あた》えたが、一方そこで明らかになったのは地球のあり様《よう》だった。宇宙の中にぽっかり浮《う》かぶ一つの星、しかもそれは生きものが存在《そんざい》するがゆえに美しい星としての「地球」が、具体的な形で人々《ひとびと》に認識《にんしき》されたのである。その時言われた「宇宙船《うちゅうせん》地球号」という言葉を古臭《くさ》いものとして忘れてはいけない。今、私《わたし》たちの生き方を決める前提は「地球上に暮らす人々は皆《みな》一つの船に乗った仲間である」という認識である。これが「グローバル」の意味なのである。

実は、地球についてのこの認識が生《うま》れたのと時を同じくして、生物学が人間は地球上に暮らす数千万種とも言われる多様な生きものの一つであり、すべての生きものは三十八億年前に存在した共通の祖先から生れたものであることを明らかにした。しかもその中のヒトという種は一種、つまり七十三億人の人はすべてアフリカから出て世界中へと広がった数少ない人々の子孫であることも明らかになった。地球の特徴《とくちょう》はそこに生きものが存在することであり、生きものたちは祖先を一つにする仲間であること、人間はその生きものの一つであるという事実は地球の上での私たちの生き方を考えるうえで大事なことなのである。しかも現生人類が生きものとしては一種であるという事実は、「宇宙船上の仲間」という意識を具体的に裏付《うらづ》けるものであり、ここからも同じ「グローバル」の意味が見えてくる。

（中村桂子《なかむらけいこ》「小さき生きものたちの国で」）

(1) ——線①「生きものとしての感覚がはたらかない」とありますが、その理由を、「科学技術」「人工的な環境《かんきょう》」という言葉を用いて、「～当たり前になったから。」に続くように四十五字以内で書きなさい。（40点）

当たり前になったから。

(2) ——線②「「グローバル」という言葉の本来持つ意味を考える」とありますが、どんなことが明らかになったことで、「グローバル」の「本来」の「意味」を考えるようになったでしょうか。二つに分けて、それぞれ三十五字以内で書きなさい。（60点／一つ30点）

〔桐光学園中―改〕

15 微《び》妙《みょう》な心理

標準クラス

答え◎別冊22ページ

1 次の文章を読んで、あとの問いに答えなさい。

《二年生の心平《しんぺい》が川の中州《なかす》で魚を捕《と》っていると、小百合《さゆり》がやって来て、心平が捕った、針金《はりがね》に通された十匹《じっぴき》の魚の絵を描《か》き始めた。小百合は、三年前に病気で耳が聞こえなくなってしまった少女で、ふたりは一緒《いっしょ》にいることが多かった。そこへ、六年生の英蔵《えいぞう》とヒロシとアキラが現れた。ヒロシは、小百合に向かって、心平が捕った魚を「もらっていく」と言った。》

ヒロシは巻《ま》きつけてある針金の先端《せんたん》をほどくと、一番端《はし》にあった大きなヤマメを手にとって針金から引き抜《ぬ》いた。心平が最初に仕留めた立派《りっぱ》なヤマメだった。ヤマメは、ヒロシの手にしなやかに横たわった。一匹だけ手にとってみると、本当にすばらしいヤマメだった。

「エーちゃん」と小百合はいった。悲しそうな顔で首を振《ふ》り、①英蔵をみた。

英蔵は小百合から眼《め》をそらした。

「やめろ、ヒロシ」と英蔵は②ぶっきらぼうにいった。

「なしてせ？」ヒロシはいった。

「いいすけ、ほっとげ」

「どやしたど？　英蔵」

「小百合が描《えが》いでるおの、終わってがらもらってもいがべさ」と英蔵はいった。

「そうが」アキラはいった。「英蔵と小百合あ、町の絵画教室で絵っこ描いでらたな」

英蔵は答えず、勢い止めの方に視線《しせん》を移した。③英蔵は笑っていた。照れ笑いだった。そのことをみんなに悟《さと》られたくなかった。

「そったらごど、どんでもいいすけ、早ぐ行がねば日暮《ひぐ》れでしまうど！」と英蔵はいった。

英蔵たちは、ヤス*を手に、勢い止めの中に入った。アキラとヒロシは勢い止めの中の真ん中あたりに散った。英蔵は森に近い、心平が漁をしている対岸の方までいった。

森に近い方の勢い止めは、流れがゆるやかだった。丸太はぬるぬるとすべり、川床《かわどこ》に砂はなく、黒っぽい石ころだらけで、石ころもぬるぬるとしてすべりやすかった。ところどころに、小さく渦《うず》をまいたよどみがあり、流れてきた小枝が組まれた丸太にひっかかっていた。

心平は石の間の陰《かげ》のひとつひとつを丹念《たんねん》に探《さぐ》っていた。流れのゆるやかな岸辺には、大きなウグイがいることがあるのだ。

突然《とつぜん》、④心平は飛びあがった。びっくりして振《ふ》り向いた。

腰《こし》を小突《こづ》かれたのだった。英蔵が水中メガネをかけたままにらみつけていた。

「あっちゃ行げ！　邪魔《じゃま》くせじゃ！」と英蔵はいった。

心平は口をつぐんで英蔵をみた。何かいいかけたが黙《だま》っていた。

「あっちゃ行げ！」と英蔵はまたいった。

心平は黙って移動した。真ん中寄りに、丸太の升目《ますめ》をふたつ移動した。すると、また英蔵がぶつかってきた。

「邪魔くせじゃ！　あっちゃ行げってば！」と英蔵はいった。

「なしてさ」と心平はぶつぶついった。

「うるせ！　行げったら行げ！」と英蔵は憎々《にくにく》しげな眼で心平をにらみつけた。

⑤心平は、どうしていつも、英蔵が自分に意地悪をするのかわからなかった。それも、小百合と一緒にいると決まっていやがらせを受けるのだった。

（川上健一《かわかみけんいち》「雨鱒《あめます》の川」）

＊ヤス＝魚を突《つ》き刺《さ》して捕《と》える、柄《え》の長い道具。

(1)　――線①「英蔵をみた」とありますが、小百合はなぜ英蔵を見たのですか。考えて書きなさい。

（　　　　）

(2)　――線②「ぶっきらぼう」の意味を次から選び、記号で答えなさい。

ア　愛情がなく、なげやりなさま。
イ　荒々《あらあら》しく、無神経なさま。
ウ　つっけんどんで、無愛想なさま。
エ　冷たくて、思いやりがないさま。

（　　）

(3)　――線③「英蔵は笑っていた。照れ笑いだった」とありますが、この時の英蔵の気持ちを、考えて書きなさい。

（　　　　）

(4)　――線④「心平は飛びあがった」とありますが、それはなぜですか。本文中の言葉を用いて書きなさい。

（　　　　）

(5)　――線⑤「心平は、どうしていつも、英蔵が自分に意地悪をするのかわからなかった」とありますが、英蔵が心平に意地悪をする理由を、考えて書きなさい。

（　　　　）

〔小野学園女子中―改〕

15 微妙《びみょう》な心理

ハイクラス①

時間 40分　合格 80点　得点 　点

答え▼別冊22ページ

1 次の文章を読んで、あとの問いに答えなさい。

《小学五年生の「私《わたし》」(ハル)は、母親と二人で暮《く》らしていたが、夏休みのある日、突然《とつぜん》、自分の父親にユウカイされてしまう。父母の間の、ある取り引きが成立するまで「私」は家に帰れなくなってしまった。父と娘《むすめ》二人は電車やバスに乗り、あてもない旅を続けた。しかし、ある時、父母の取り引きが成立したという。》

「取り引きは成立したんだ。だからもう、おれにはあんたを拘束《こうそく》する権利《けんり》はない。即刻《そっこく》*キョウコのところにあんたを送りかえさなければならない。①そういう約束だからな」

みやげもの屋の漬物《つけもの》コーナーの前で、おとうさんが重々《おもおも》しく宣告《せんこく》するのを私は②どぎまぎしながらきいていた。これからどうなるのかまったく予想ができなかった。

「ただ一つ、問題がある」

私は(　　)を飲んだ。あんたの意見をききたい、おとうさんがそう言うような気がした。私はフルスピードで自分の意見をまとめあげる。私は決心がついている。このまま逃《に》げ続けよう。学校とかおかあさんのこととか、いろいろ心配なことはあるけれど、とりあえず今は全部忘《わす》れて、逃げよう。

現状維持《いじ》に、賛成一票。

「問題ってのは、つまり、金がないんだ。ここから電車に乗る金がない」

おとうさんがうつむいて言い、③私はめまいを感じた。せっかく力《りき》んで自分の意見をまとめあげたのに。お金がないのなら、またどこかでテントを拾って、野宿をしようではないかと、提案しようとしたが、それより先におとうさんが口を開いた。

「おれはちょっといろいろ調べてくるから、あんたはここで試食を続けててくれ」

そう言い残しておとうさんはみどりの窓口《まどぐち》に入っていった。カウンターに陣取《じんど》り、時刻《じこく》表、料金表、地図、あちこちページをめくり、真剣《しんけん》な表情で見つめている。

④私は自分の前にあるわさび漬《づ》けをもう一度、今度は大量に口の中に入れた。あまりの刺激《しげき》に立っていることができず、しゃがみこむ。しゃがみこんだまま思い切り漬物をかみくだく。わさびのつんとからい風味が、小さなナイフみたいに口じゅうを傷《きず》つけ、それは鼻の奥《おく》やこめかみにまで侵入《しんにゅう》して痛《いた》みを与《あた》え、私はこめかみを両手でおさえたまま顔をしかめた。額に汗《あせ》がにじむ。私はその冗談《じょうだん》みたいな味を、体全体で感じる。店の奥《おく》からおばさんがでてきて、

「ちょっと、あんただいじょうぶ？　ほら、お茶飲みな」

と、湯飲みに入った冷たい麦茶をさしだしてくれた。

「ありがとう」

受け取って笑いかけると、ようやく、両目から涙《なみだ》がぽろぽろこぼれた。

「あら、まあ」

おばさんは腰《こし》をのけぞらせて笑った。私も笑った。麦茶を飲んでも、涙はなかなかとまらなかった。笑いもとまらなかった。一番泣きたいときに、私はこんなふうにしか泣くことができない。それがおかしくてたまらなかった。

(角田光代《かくたみつよ》「キッドナップ・ツアー」)

＊キョウコ＝ハル(「私」)の母親。

(1) ――線①「そういう約束」とありますが、どのような約束ですか。説明しなさい。(20点)
(　　)

(2) ――線②「どぎまぎ」の意味を次から選び、記号で答えなさい。(10点)
ア そわそわ　イ うろうろ　ウ おろおろ　エ わくわく
(　　)

(3) (　)に入る適切な言葉を、漢字一字で書きなさい。
□ (10点)

(4) ――線③「私はめまいを感じた」とありますが、それはなぜですか。次から選び、記号で答えなさい。(20点)
(　　)
ア おとうさんと逃げるためのお金がほとんどないという事実を知ったから。
イ おとうさんがきっと自分の意見も聞いてくれると思っていたから。
ウ おとうさんが問題にしていることと自分が想像していたことがあまりにもちがったから。
エ 長い間外で待たされたうえに、わさび漬けを食べて頭がぼんやりしていたから。

(5) ――線④「私は自分の前にあるわさび漬けをもう一度、今度は大量に口の中に入れた」とありますが、そのようなことをした私の気持ちとして最も適切なものを次から選び、記号で答えなさい。(20点)
(　　)
ア 帰りたくない、という自分の思いをおとうさんに伝えられず、もどかしい思いでたまらない気持ち。
イ 自分のわがままをきいてもらいたいために、無理なことをして気を引きたい気持ち。
ウ おとうさんのたよりなさにいらだちを感じたが、それをがまんしなければならないという気持ち。
エ わさび漬けのからさがおもしろくて、いたずら半分に試《ため》してみたいという気持ち。

(6) ――線⑤「こんなふうにしか泣くことができない」とありますが、「こんなふう」とはどのような泣き方のことですか。説明しなさい。(20点)
(　　)

〔暁中―改〕

15 微妙《びみょう》な心理

ハイクラス②

時間 40分
合格 80点
得点 点

答え◎別冊23ページ

1 次の文章を読んで、あとの問いに答えなさい。

《十四歳《さい》の小柄《こがら》で内気な安堂操《あんどうみさお》は、転校のたびにつらい思いをしてきたが、今回は、樺島至剛《かばしまみちたか》という生徒が力になってくれたおかげで、楽しい学校生活を送っていた。しかし、樺島は病気のため登校しなくなり、操は、唐津優《からつゆたか》などのクラスの数名と、樺島の家に見舞《みま》いに行った。操は、樺島と唐津のやりとりから、ふたりの友情の厚さと、樺島の病気が重いのではないかということを感じた。》

「聞きのがすなよ。」

唐津はもとの明るい調子にもどり、庭にある小ぶりの*手水《ちょうず》鉢《ばち》のかたわらへ傘《かさ》をさしたまましゃがんだ。きずものの茶碗《ちゃわん》が置いてあるのを手にして水をくみ、地面の小石がたまっているところへこぼした。操には、はじめ何のことやらわからなかった。①黒鉄《くろがね》の風鈴《ふうりん》を鳴らしたような音が聞こえたが、一瞬《いっしゅん》だったので空耳だろうと思った。

「だめだね。よく響《ひび》かない。雨で小石が湿《しめ》っているからだ。」

唐津は弁解するように言った。

「そんなはずはないよ。雨でも響く。優のよこしまな心が、なかの瓶《かめ》に知れてしまうのさ。」

②樺島がからかう。それから、すぐに操のほうを向いて、仕《し》掛《か》けの説明をした。

「水琴窟《すいきんくつ》といってね、あそこへ伏《ふ》せるように瓶をうめてあって、小石を敷《し》いたところへ水をしたたらせると、中から音がするんだよ。ちょっと言いがたいんだけど、こわれたバネ仕掛けのおもちゃを耳もとで振《ふ》ってるみたいな音さ。赤ん坊《ぼう》をあやす道具によくあるだろう、おもりとオルゴールが仕掛けてあるような。」

「やけに上品なことを言うね。小判の降《ふ》る音に似てるんだ。だから、縁起《えんぎ》をかついで昔風の商家にこしらえてあることが多いんだよ。」

③唐津がひやかした。そのあいだに、ほかの少年たちも順番に試みて、首をかしげた。

「晴れた日なら、もっとよく響くのにね。」

口々に言う。

「安堂君も試してごらんよ。」

④操は、樺島の口から名前を呼《よ》ばれる心地良さによいながら庭履《にわば》きを借りて、少年のひとりから傘を受け取った。とび石を渡《わた》り、手水鉢の縁《ふち》に置いてある欠けた茶碗を手にした。小石はすっかり雨でぬれていて、煮豆《にまめ》のように黒く光った。操は注意深く水を汲《く》み、少しずつたらした。

はじめは金属片《きんぞくへん》がふれあう時のかすかな響きに似て、そのうち、たまをころがすような音になった。ホウロウの器に豆を入れてくるくるまわしたときの音に似ている。それは、操が幼《おさな》いときに気に入っていた遊びである。

「ほら、人によるんだよ。安堂君は人柄《ひとがら》で、静かな手つきだから、いい音が響くんだ。」

樺島が教室でのときのように引き立ててくれた。

「偶然《ぐうぜん》だよ。」

操は恐縮《きょうしゅく》した。

「もう一度、鳴らしてくれないか。」

樺島が望むなら、何度でも応じるつもりだった。しかし、二度目を終えたとき、小雨だった雨が本降《ほんぶ》りになり、樺島は皆《みな》に座敷《ざしき》へもどるように言った。それを機に、一同は引きあげることにした。

いとまを告げた帰り道、操は唐津とふたりになった。教室では、口も手足もさかんにうごかしている活発な少年だが、樺島を見舞った帰りはだまりがちだった。

「樺島君の身体《からだ》が悪いなんて、ちっとも知らなかった。」

操は、頼《たよ》りきりだった二学期のことをふりかえって悔《く》やむように言った。

「いいんだよ。本人が隠《かく》して過ごしているんだから。ぼくたちにできるのは、気のつかないふりをしてやることだ。」

しばらく沈黙《ちんもく》がつづいて、唐津は別れぎわにたちどまった。

「背中《せなか》が、以前よりずっと薄《うす》かった。……泣きたくなるよね。」

⑤短くもらした声が、いつまでも操の耳に残った。

（長野《ながの》まゆみ「鳩《はと》の栖《すみか》」）

＊手水鉢＝手を洗う水を入れる鉢。庭のかざりなどにする。

(1) ――線①「空耳」の意味を書きなさい。(20点)

（　　　　）

(2) ――線②・③とありますが、このような二人の関係を、操はどう思っていると考えられますか。次から選び、記号で答えなさい。(20点)

ア 親しさのかげにふたりの競争意識が感じられて見苦しい。

イ 冗談《じょうだん》の中にも仲の良さがうかがわれてうらやましい。

ウ いくら親しくても、けなし合うのはやめたほうがいい。

エ 仲の良いふたりが皮肉を言い合うとは、意外だ。

（　　）

(3) ――線④のほかに、操の樺島に対する気持ちがよくあらわれている一文を探《さが》し、初めの五字をぬき出しなさい。(20点)

□□□□□

(4) ――線⑤「短く……残った」とありますが、それはなぜだと考えられますか。次から選び、記号で答えなさい。(20点)

（　　）

ア 操は、病気の樺島に頼りすぎたと悔やんでいたから。

イ 操は、樺島と唐津の仲が壊れないか気になったから。

ウ 操は、唐津の言葉の意味を、あれこれ考えていたから。

エ 操は、今までと異なる唐津のことを考えていたから。

(5) 本文中から読み取れる樺島の人物像を次から選び、記号で答えなさい。(20点)

（　　）

ア 気が強く、友達の中で思い通りにふるまっている。

イ 明るくて気配りもでき、人望がある。

ウ 上品で、本当の気持ちを見せない。

エ 思いやりがあり、ひかえめである。

〔東大寺学園中―改〕

16 日本語

標準クラス

答え▼別冊23ページ

1 次の文章を読んで、あとの問いに答えなさい。

毎日の暮《く》らしの利便のために、わたしたちはさまざまな道具を買い込《こ》む。そしてその道具の前にでんと坐《すわ》って説明書のページを繰《く》り始める。（　Ａ　）楽しい一瞬《いっしゅん》である。「この道具をうんとみごとに使いこなして、すこしばかり得をしてやろう」と胸《むね》をおどらせる。だが、説明書を読み進むにつれて、小さな絶望を味わうことになる。説明文がわかりにくくて、読了《どくりょう》後、（　Ｂ　）なにがなんだかわからなくなってしまうことが多いからである。

㋐《人間がコンピューターに指示を与《あた》え、データを知らせるのは、全てキーボードからの入力によります。》

(富士ゼロックス　TALK 560 PERSONAL COMPUTER)

㋑《文字キーには、かな、英字、数字、記号が書かれていますが、これらを打ち分けながら文章を作成します。》

(富士通オアシス 100)

《　中　略　》

㋐では、文の冒頭《ぼうとう》の「人間が」が余計《よけい》である。説明書のその個所《かしょ》を読んでいるのは、購入《こうにゅう》者か使用者にきまっているのだし、その購入者もしくは使用者が人間であることも、また、たしかなのだから、「人間」などという、①べら棒《ぼう》なほど構えの大きな言葉を文頭に置いて、読む者を混乱《こんらん》させるのは愚策《ぐさく》である。事実、「人間」を無視《むし》して読むと、説明文の作者の伝えたかったことが、素直にこちらの胸《むね》へと伝達されてくる。説明文にこの種の文章が多いのは、あるいは作者の気負いか。それで途方《とほう》もなく構えの大きな言葉を選んでしまうのだろうか。そこで僭越《せんえつ》ながら説明文の作者の方々《かたがた》へ御助言申し上げる。目の前に購入者や使用者がいると思召《おぼしめ》してペンをお執《と》りになってはいかがか。②たえず「あなた」という呼《よ》びかけを滲《にじ》ませながら、説明文をお書きになってはどうかしらん。

㋑の、「――(文)――が、――(文)――」という文の繋《つな》ぎ方も、説明文によく見られる手法である。接続助詞「が」には、〈ただ次の文へと繋ぐためだけに用いられる〉という役目もあるので、決して誤用《ごよう》ではない。だがしかし、接続助詞は原則として「情意的なものを表すときに効果がある」から、「――(文)――が、――(文)――」が多用されると、だんだん論理《ろんり》性が失われてくる。ここでは断然「が」を排《はい》し

て二つの文を断絶させた方が、読者によく伝わる。

《 中 略 》

小説を読まない人は多い。しかし説明書はだれもが読む。③それも人はじつに熱心に読む。とすれば、④日本語の「実力」は、説明書にもっともよく表《あら》われるのではないか。重箱の隅《すみ》を楊子《ようじ》の先でほじくるような真似《まね》をしたのも、説明書の作者たちに声援《せいえん》を送りたかったからで、他意はない。

（井上《いのうえ》ひさし「ニホン語日記」一部変更《へんこう》したところがあります。）

(1) （Ａ）・（Ｂ）に入る言葉を、次から選び、記号で答えなさい。

ア または　**イ** かえって　**ウ** すなわち

エ そうして　**オ** なかなか　**カ** たとえば

Ａ（　　）Ｂ（　　）

(2) ——線①「べら棒なほど」と、ほぼ同じ意味で使われている言葉を、同じ形式段落の中からぬき出しなさい。

（　　　　）

(3) ——線②の「たえず『あなた』という呼びかけを滲ませながら」説明文を書くとは、どのようにすることですか。次から選び、記号で答えなさい。

（　　）

ア 目の前にいる何も知らない人に教えるつもりで、ていねいな言葉づかいで説明すること。

イ 説明しようとする内容にあまりこだわらず、作者の気持ちが相手に伝わるようにすること。

ウ 作者の気負いにふくまれている熱心さが、相手にそれとなく伝わるように説明すること。

エ 作者が一方的にならないで、伝えようとする内容が正確に相手に届《とど》くように説明すること。

(4) ——線③「それも人はじつに熱心に読む」とありますが、その理由として作者が挙げていることを、「〜と思うから。」に続くように本文中から三十二字で探《さが》し、その初めと終わりの四字をぬき出しなさい。

□□□□〜□□□□と思うから。

(5) ——線④「日本語の『実力』」とありますが、ここでいう日本語の実力とは、どういう意味ですか。次から選び、記号で答えなさい。

（　　）

ア 日本語の表現力　**イ** 日本語の伝達力

ウ 日本語の吸収《きゅうしゅう》力　**エ** 日本語の読解力

〔大阪女学院中—改〕

時間 40分
合格 80点
得点 点

答え◎別冊24ページ

1 次の文章を読んで、あとの問いに答えなさい。

私《わたし》はいつも資料の入った重いカバンを持って学内を①移動することが多いのですが、留学生たちはそんな私を見かけると、必ずといっていいほど声をかけてくれます。

「先生、カバンを持ってあげましょうか」と。

そう言われると嬉《うれ》しい反面、②「カバンを（　　）ましょうか」という表現を教えなくては、と③「〜てあげましょうか」の使い方の難《むずか》しさを再認識《さいにんしき》することが多いのです。

「私の住所を書いてあげます」

「携帯《けいたい》の番号を教えてあげます」

こう言われた男性の先生が「別に頼《たの》んだわけではないのだから、教えてくれなくていい」と言ったそうです。そうしたら、別の先生が「それはまだいいほうで、私など『レポートを出してあげましょうか』と留学生に言われ、『出さないのは勝手だけれど、落第しますよ』と言ったんですよ」と話したそうです。

「私の住所をここにお書きします」「携帯の番号をお知らせしておきたいのですが」といった日本的な表現方法を、留学生が知らないばかりに起きたコミュニケーション・ギャップなのですが、言われたほうにしてみると、「何を偉《えら》そうに」という反発を感じてしまいます。「〜てあげましょうか」という表現は、④相手と使い方を間違《まちが》えると、留学生にとっては致《ち》命傷《めいしょう》になりかねないのです。

これはなぜなのでしょう。

ここで留学生が使ったのは「持つ＋て＋あげる」の形です。「〜てあげる」は、自分が相手のために何かをするという意味です。「漢字がわからなかったら書いてあげるよ」という使い方ならできますよね。

「〜てあげる」は「席を譲《ゆず》ってあげる」「ご飯を作ってあげる」のように自分が相手のためにしている行為《こうい》を⑤ちょっと「恩着《おんき》せがましい」感じに言う表現になってしまうことが多いのです。

妻が夫にしていることを言う時に「ご飯も作ってあげているし、洗濯《せんたく》もしてあげている。時々は靴《くつ》も磨《みが》いてあげる」などとは言いません。でも、日本の夫の場合には「時々ご飯も作ってあげているし、洗濯もしてあげている。妻の靴も磨いてあげているのに、何が不満なんだろう」という文章が成立することは多いのです。なぜなら、夫の気持ちの中には、「しなくてもよい行為を妻のためにしているのだから」という日本の社会通念として共通の認識が働くからです。

「先生、私は先生に明日電話をして差しあげます」と言われて困《こま》ったことがあります。なぜなら翌日《よくじつ》は外出予定で、電話のために外出をとりやめるわけにもいきません。こんな場合、「電話をしてもよろしいでしょうか」と相手の意向をうかがうべきで、敬語《けいご》表現だからといって「〜て差しあげます」と言われても、それは好意の押《お》し売りになりかねません。

「〜てあげます」「〜て差しあげます」には、話し手と受け手、この場合は留学生と私の間に、私→「電話して欲しい」、留学生→「それなら電話しよう」という好意のやりとりに関する共通の理解があって初めて成立する表現なのです。

（佐々木瑞枝《ささきみずえ》「壊《こわ》したの？　壊れたの？」）

(1) ——線①「移動」と同じ成り立ちの熟語《じゅくご》を次から選び、記号で答えなさい。（20点）

ア 学習　イ 決心　ウ 校則　エ 損得《そんとく》　（　　）

(2) ——線②「カバンを（　　）ましょうか」が正しい表現になるように、（　　）に入る四字の言葉を、考えて書きなさい。（20点）

(3) ——線③「『〜てあげましょうか』の使い方の難しさ」とありますが、どのような点が難しいのですか。それを説明した次の文の（　　）に入る言葉を、ここよりあとの本文中から十六字で探《さが》し、その初めと終わりの三字をぬき出しなさい。（20点）

話し手と受け手との間にあらかじめ（　　）がなければ、相手の反発を引き起こす偉そうな言い方になってしまう点。

〜

(4) ——線④「相手と使い方を間違えると、留学生にとっては致命傷になりかねないのです」とありますが、それはどうしてですか。次から選び、記号で答えなさい。（20点）（　　）

ア 敬語表現を理解できていないと、日本語を真剣《しんけん》に学習しようとする気持ちが足りないと見放されてしまうから。

イ ものを頼むときに使う表現をいつでも使ってしまうと、本当に頼んだときに相手が気付いてくれなくなるから。

ウ 自分が相手のために何かをする表現ばかり使っていると、頼まれごとばかりでこきつかわれることになるから。

エ 目下の者が目上の者に対してやってあげるという表現を使ってしまうと、とても失礼な態度と思われるから。

(5) ——線⑤「ちょっと『恩着せがましい』感じ」と、ほぼ同じ意味を表す七字の表現を、ここよりあとの本文中からぬき出しなさい。（20点）

〔大妻中―改〕

16 日本語

ハイクラス②

時間 40分
合格 80点
得点 点

答え◎別冊24ページ

1 次の文章を読んで、あとの問いに答えなさい。

日本人の間には、①和という精神、これが一番大切にしなくてはいけないことだという教えがある。ご承知《しょうち》のとおり聖《しょう》徳太子《とくたいし》という人が昔十七条憲法《けんぽう》というものを発した。あの第一条には何と書いてあるか。「*和をもって尊《とうと》しと為《な》し」。人と仲良くすること。同じ意見を持つこと。これが一番必要だというのが日本人の考えの根底にある。

外国人が日本に来て、②日本人の会話を聞くと、一番耳につくのが「ね」という言葉だと言う。「今日はずいぶんたくさんの人が来ましたね」とか「今日は天気がよかったですね」とか、何かと「ね」をつける。あの「ね」は何という意味ですか、と聞かれたことがある。日本人はわかる。「今日はたくさんの人が来たと思っております。あなたも同じでしょう」。つまり「あなたと同じ気持ちです」ということを私《わたし》たちは会話をするごとに繰《く》り返している。③地方によっては「ね」の代わりに「のう」と言ったり「なあ」と言ったり、松山では「なもし」と言ったり、名古屋では「なも」と言ったりする。九州では「なんた」「のんた」とか言う地方もある。「あなたと同じ気持ちです」ということを繰り返し繰り返し言うことで、相手に対する軽い尊敬《そんけい》の気持ちを表している。だからあいさつということが非常に大切なのである。

アメリカ人が日本にやって来ると、日本人のあいさつはうるさくて仕方がない、と思うようだ。例えば思いがけないところで知っている人とバッタリ会う。「どちらにお出かけですか」と尋《たず》ねる。アメリカ人はうるさいと思う。「どこに行こうとおれの勝手だ。おれの秘密《ひみつ》を探《さぐ》ろうとしているのだろうか」。日本人は何もそういうつもりではない。「こんなところでお目にかかるとは思いがけないことだ。あなたの身の上に何か大変なことがおこったのではないだろうか。もしそうだったら、一緒《いっしょ》に心配してあげましょう」とこういう気持ちで聞くわけである。だからきかれた方も正直に「いまちょっとお金がなくて、銀行にお金を借りにいくところです」なんていう必要はない。相手にご心配にはおよびませんよ、ということを伝えればいいのだ。そこで何と言うか。「ちょっとそこまで」。これでおしまいである。

④「先日は失礼しました」。これもよく私たちが口にするあいさつである。アメリカ人はビックリする。「確かに先日この男に会った。しかしそのときにこの男はおれに何にも悪いことはしていない。するとこの男は、おれの知らない間にとんだことをしてくれたのではないか」と心配になるという。日本人の気持ちはそうではない。「先日あなたにお目にかかった。私としては失礼な

ことをした覚えはないけど、私は不注意な人間である。もしかしたら失礼なことをしたかもしれない。もしそうだったらおわびする」。こういうことを言っている。そういう言葉でもわかるように、私たちは謝ることが非常に好きである。感謝することよりも、謝ることを尊《たっと》ぶ。

　みなさんがバスに乗っている。おばあさんが乗ってきた。だれかが席をゆずる。おばあさんは何と言うか。「ありがとうございます」とお礼を言う人もいるが、「すみませんねえ」と謝る人の方が多いだろう。おばあさんの気持ちはこうである。「（　　　）」とこういう論理《ろんり》で、日本人は謝ることを非常に喜ぶ。

（金田一春彦《きんだいちはるひこ》「ホンモノの日本語を話していますか？」）

＊和をもって尊しと為し＝和を大切にして。

(1) ――線①「和という精神」とは、どういうことですか。これをわかりやすく言いかえているひと続きの二文を本文中から探《さが》し、その初めの五字をぬき出しなさい。(20点)

(2) ――線②「日本人の会話……『ね』という言葉だと言う」とありますが、この「ね」という言葉は、どのような働きをもっていますか。「～を表す働き。」に続く言葉を本文中から四十五字以上五十字以内で探し、初めと終わりの四字をぬき出しなさい。(20点)

～　　　を表す働き。

(3) ――線③「地方によっては……とか言う地方もある」とありますが、これらの例のように、ある地方だけで使われる言葉を何と言いますか。漢字二字で書きなさい。(20点)

(4) ――線④「先日は失礼しました」とありますが、日本人はこのあいさつをどんな気持ちで言っていると述べられていますか。「～という気持ち。」に続くように、本文中の言葉を用いて三十五字以上四十五字以内で書きなさい。(20点)

という気持ち。

(5) （　）には、おばあさんの具体的な気持ちが入ります。筆者が考えるおばあさんの気持ちとしてふさわしい言葉を、二十五字以上三十五字以内で書きなさい。(20点)

〔賢明女子学院中―改〕

17 自然・環《かん》境《きょう》

標準クラス

1 次の文章を読んで、あとの問いに答えなさい。

①地球環境《かんきょう》についていて考えるとき、地球に生きるすべての人間が、どのように暮《く》らしているかを理解することも大事です。日本のような先進国にすむわたくしたちは、途上国《とじょうこく》のことをもっと知らなくてはなりません。

地球人口の八〇パーセント以上が途上国にすんでいます。二〇五〇年には、地球人口の九〇パーセント近くが途上国の住民になるのです。それに、途上国の土地は地球の陸地の六〇パーセント以上をしめています。

ところが、多くの途上国には、食べるものが不足し感染症《かんせんしょう》におびやかされる人びとも、病気にかかってもじゅうぶんな医療《いりょう》を受けられない人びとも、学校にいけない子どもたちもたくさんいるのです。（　Ａ　）、先進国の人びとは、途上国でつくられる木材、鉱物、食料も利用しながら、豊かな生活をおくっています。

途上国と先進国の人びとの生活が大きくことなることは、資源《しげん》をつかう量からもはっきりしています。（　Ｂ　）、ある国の生活を地球上のすべての人びとがつづけるとして、そのときにつかう資源をまかなうのに必要な地球の数を考えてみましょう。全員がバングラデシュ人とおなじ生活をすれば、必要な資源は地球の二八パーセントの大きさでまかなえます。（　Ｃ　）、全員がアメリカ人とおなじ生活をすると、地球は五つ以上も必要なのです。

先進国では、今よりも資源の消費量をへらすよう努力しなくてはなりません。一方の途上国では、人びとが環境と調和しながら、よりよい生活ができるようになることが、地球を大事にするうえでかかせないのです。

地球環境を考えるとき、もうひとつ大事なことがあります。それは、これから生まれてくる人びとのことです。わたくしたちが資源をつかいすぎたり、環境をわるくしすぎると、あとから生まれてくる人びとが生きるのはむずかしくなります。現在だけでなく、将来《しょうらい》の地球環境も守るようにしなくてはなりません。

人間はかしこい動物です。今まで、かしこいことを便利な生活を追い求めることに向けてきました。しかし、②これからは地球環境と調和することに向ける必要があります。地球に生きるすべての人びとと、さらにはあとで生まれてくる人びとのことも考えたいものです。それが、地球を大事にすることなのです。

（大塚柳太郎《おおつかりゅうたろう》「地球に生きる人間」）

答え 別冊25ページ

(1) (A)〜(C)に入る言葉を、次から選び、記号で答えなさい。

ア ところが　**イ** そのうえ　**ウ** たとえば

A(　　)　B(　　)　C(　　)

(2) ——線①について、次の各問いに答えなさい。

① 「先進国」では、どのような努力が必要だと述べていますか。「〜こと。」に続く言葉を、本文中から十四字でぬき出しなさい。

□□□□□□□□□□□□□□こと。

② 「途上国」では、どうすることが必要だと述べていますか。本文中から三十一字で探《さが》し、その初めと終わりの五字をぬき出しなさい。

□□□□□〜□□□□□

③ 「地球環境」について考えるとき、本文では、もうひとつ、どうすることが大事であると述べていますか。次から選び、記号で答えなさい。

(　　)

ア 先進国の人びとが途上国のものをつかわないこと。
イ 地球上のすべての人びとがおなじ生活をすること。
ウ これから生まれてくる人びとのことに配慮《はいりょ》すること。
エ 先進国の住民や土地を今後ふやしていくこと。

(3) ——線②について、次の各問いに答えなさい。

① 何を「地球環境と調和することに向ける」のですか。本文中の言葉を用いて十字以内で書きなさい。

□□□□□□□□□□

② なぜ、「これからは地球環境と調和することに向ける」ことが必要なのですか。次から選び、記号で答えなさい。

(　　)

ア 地球環境と調和すると、ただ便利な生活というだけでなく、より豊かな生活ができるはずだから。
イ 地球環境のバランスがくずれると、結局は人間が生きることさえむずかしくなるから。
ウ 先進国が地球環境をわるくすると、途上国の暮らしがますます苦しくなってしまうから。
エ 地球環境と調和すると、先進国だけでなく途上国でも便利な生活ができるようになるから。

〔京華中—改〕

17 自然・環境《かんきょう》

ハイクラス①

時間 40分　合格 80点　得点 点

答え◎別冊25ページ

1 次の文章を読んで、あとの問いに答えなさい。

《動物がほかの生き物を攻撃《こうげき》する理由は、食べようとする場合と、身を守ろうとした場合の二つである。》

カラスの人間への攻撃であるが、人間を食うためでないことは明らかである。だとすれば、身を守るためにほかならない。カラスの攻撃は「身」といっても自分だけではない。自分の血を受け継《つ》いだ子ども、あるいは卵《たまご》、あるいは巣のある場所である。したがって、巣をつくり子育てをしている期間だけは、カラスは人間でも何でも威嚇《いかく》したり、攻撃したりする。

《中略》

動物の攻撃に対する人間側の手は、攻撃に対して毅然《きぜん》として闘《たたか》うか、攻撃されるであろう場所に近寄らない、その二つのどちらかである。このことはカラスに限らず、サルでもクマでも何に対しても同じである。春先などに山菜採り、あるいは渓流釣《けいりゅうづ》りなどで山奥《やまおく》へ出かける人がいるが、このような場合は野生動物に出会う覚悟《かくご》を決めているだろうから、攻撃にあった場合は、闘うか逃《に》げるしかないことを心に叩《たた》き込《こ》んでいるはずだ。闘うといっても素手《すで》ではそうとうの傷《きず》を覚悟《かくご》しなくてはならない。①だから逃げる。とはいえ、脱兎《だっと》のごとく逃げてはいけない。敵《てき》に後ろを見せたら負けである。いや、クマなどでも走るのは人よりもずっと速いから、すぐに追いつかれるのである。②相手の目から目を離《はな》さず、にらみつけたまま少しずつ後ずさりをして相手との距離《きょり》を開けるのがいちばんよい方法とされる。間が広がると、クマなども落ち着きを取り戻《もど》し、あえて闘おうとはしない。自分も人間が怖《こわ》いからであるし、無駄《むだ》な争いは避《さ》けたがるものなのである。

カラスの攻撃範囲《はんい》は、一般《いっぱん》に縄張《なわば》りの範囲とされているから、営巣《えいそう》している木などを中心にふつう五〇メートル以内、たいていは一〇～二〇メートルの距離である。カラスの場合はクマとちがって、攻撃といっても最悪でも頭を蹴飛《けと》ばされる程度で命には別状ない。よく聞くのは自分のほうに向かって飛んできただけで攻撃された、と思い込む人が多いことだ。

カラスが嫌《きら》いならば、闘うのがよい。少なくとも「キャーキャー」騒《さわ》いで逃げまどうことだけは避けたほうがよい。カラスだって悪い鳥ではない。悲鳴をあげたりして騒ぐと、カラスは人間を「なめ」、弱い生き物だと思うから、ますます気を強くし、より攻撃的に振舞《ふるま》うのである。逆に人間が強いとみれば、彼《かれ》らは警戒《けいかい》し、人間の姿《すがた》をみただけで遠ざかるようになる。

だが、考えてみれば「ゴキブリとも闘わずして逃げる人」も少なくないらしいのだから、そのような人はカラスとは闘えないかもしれない。精神的にすでに負けている。ならば、不便でも、春先から初夏までは、③その木には近づかず遠回りするのがいちばんかもしれない。体が小さくて力が弱く、カラスもそれを知っている子どもの場合には、とくにこの「遠回り」をお勧《すす》めする。④ただし遠回りする理由を「カラスは怖い鳥だから」「カラスは危《あぶ》ないから」と言わないようにしたい。子どもたちにつまらぬ「刷り込《こ》み」をしてはなるまい。ともかく大のおとなが「カラスに襲《おそ》われた」などというみっともない話を恐《おそ》ろしげにしないことだ。

（今泉忠明《いまいずみただあき》「カラス狂騒《きょうそう》曲」一部変更《へんこう》したところがあります。）

(1) ——線①について、次の各問いに答えなさい。（40点／一つ20点）

① 動物に出会ったときの逃げ方として「脱兎のごとく逃げてはいけない」とありますが、ほかにしてはいけない逃げ方が述べられている部分を、本文中から十八字で探《さが》し、初めと終わりの四字をぬき出しなさい。

□□□□ ～ □□□□

② ①で答えた、してはいけない逃げ方をすると、動物（カラス）はどのような行動を起こしますか。本文中から十九字で探し、その初めと終わりの四字をぬき出しなさい。

□□□□ ～ □□□□

(2) ——線②「相手の……距離を開ける」とありますが、動物がこのような行動をとる理由を説明した次の文の解答らんに合う言葉を、本文中からぬき出しなさい。（20点／一つ10点）

根本的に動物たちは、□□□□□□と感じているからであるし、□□□□□□を避けたがるから。

(3) ——線③「その木」とは、どのような木ですか。本文中の言葉を用いて、簡潔《かんけつ》に書きなさい。（20点）

（　　　　）

(4) ——線④「ただし……恐ろしげにしないことだ」とありますが、それはなぜですか。次から選び、記号で答えなさい。（20点）（　　）

ア カラスが人間を攻撃するのには必ず理由があり、初めから人間にとって危ない動物ではないから。

イ 人間にとってカラスが怖い動物であるのは知れていて、子どもたちに何度も言う必要はないから。

ウ カラスはもともと悪い鳥ではないのに、人間の都合でいつも悪者にしてしまうとかわいそうだから。

エ 人間がカラスと闘わないのは、カラスを嫌っている人が多いためで、怖さや危険とは関係ないから。

〔京華中―改〕

17 自然・環境《かんきょう》

ハイクラス②

時間	40分
合格	80点
得点	点

答え◎別冊25ページ

1 次の文章を読んで、あとの問いに答えなさい。

《一九四三年から一九四五年までのわずか二年間に、北海道の壮《そう》瞥《べつ》という小さな村に「昭和新山」は誕生《たんじょう》した。当時日本は戦争中で、火山爆発《ばくはつ》に目が向かなかった。そんな中で、地元の三松正夫《みまつまさお》という人は、ひたすら観察を続けた。以下は、その観察記録である『昭和新山物語』（一九七四年刊行）の「あとがき」である。》

私《わたし》の、昭和新山のお話しも、そろそろ終わりをむかえようとしていた今年の三月二日、秋田県と山形県の県境にそびえる鳥海山《ちょうかいざん》が噴火《ふんか》したというニュースが、新聞、テレビ、ラジオでいっせいに流されました。「思いもかけぬ一五三年ぶりの噴火」とのことです。この火山は、海抜《かいばつ》二、二三〇メートルのコニーデ型火山で、一五三年前に激《はげ》しい活動をして、その熔岩《ようがん》の性質を変えて、山腹の火口に熔岩を盛《も》りあげ、ひとつの大きなトロイデ(ドーム)をつくったのです。このニュースから、つくづく考えさせられたのは、この①〝思いもかけず〟という表現です。

〝思いもかけず〟という発想法は人間の寿命《じゅみょう》をものさしにして、自然界の寿命を考えることから生ずる錯覚《さっかく》なのでしょう。前にも述べたように、人間の一年は火山の一〇〇〇年に当たります。ですから今回の鳥海山の活動にしろ、気象庁《きしょうちょう》地《じ》震《しん》課長の諏《す》訪《わ》彰《あきら》氏の言をかりると〝朝おきて歯を磨《みが》くまでの短い時間に、一回のくしゃみもしないからといって、もう風邪《かぜ》がなおったのだ〟ときめこんだ方が悪いのでしょう。朝食の時になってくしゃみをしたからといって、それは〝思いもかけず〟ではなく〝やっぱり〟なのです。

鳥海山にしてみれば、激しい活動をした後のひと休みを終えて、久しぶりにのびをしたようなものなのでしょう。

一五三年の昔といえば、皆《みな》さんのおじいさん、そのおじいさんのおじいさんが赤ん坊《ぼう》だったころで江戸《えど》時代の末期になります。現代の私たちからすれば、遠い昔のことと思えるのですが、人間の生命など、自然界から見れば、ほんの一瞬《いっしゅん》にすぎません。ですから、私がこの本で、明治活動とか昭和活動とか、火山の活動周期とかをお話ししたのも、＊有珠山《うすざん》からみれば、一連の活動の中の一瞬であって、さわぐほどのこともないと思っているかもしれません。それゆえ、これは油断大敵《たいてき》とあらためて思ったのでした。

人間は勝手に火山を、死火山、休火山、活火山などと分類して、平気な顔でそのふところにはいりこみ、それでいてその久しぶりの活動に驚《おどろ》きあわてたりするのです。人間本位の〝自然開発〟という美名のもとにおこなわれる〝自然破壊《はかい》〟とともに、ほんとうに心から自然を見なおすべきではないでしょうか。

最近の人たちを見ていると、（　Ａ　）の知恵《ちえ》を過信し、その知恵からうみだされた力を過信しているように思えます。（　Ｂ　）個々《ここ》の力など、（　Ｃ　）の前ではまったく無力に等しいものなのです。そのことに気づかず、（　Ｄ　）の力をあなどり、馬鹿《ばか》にしているのです。おかしてはならない自然界の秩序《ちつじょ》やルールをみだし、それが原因で生ずるいろいろな影《えい》響《きょう》にびっくり仰天《ぎょうてん》して、大さわぎしたりするのは、人間が漫《まん》画《が》の主人公になったようなものです。

「自然は、地球は人間だけのものではなく、ここに生きる万物共有のもの」なのです。それは、今生きているものの、という意味だけでなく、遠い未来にまでもひきつがれていかなければならないものなのです。最近になって、やっと環境《かんきょう》保全とか自然保護とかがいわれるようになりました。②なんにおいても非常に便利になった現代社会の裏側《うらがわ》に、必要悪のように、自然をそこなう性質のものがつきまとっているのです。これからの人生を生きていく若《わか》い皆《みな》さんにとっては、どうしても必要なこの地球を、この自然を「いかに大切に、いかに上手に調和しながら利用していくか」がますますむずかしく、そして重要な課題となっていくことでしょう。

（三松正夫「昭和新山物語」）

＊有珠山＝この山のマグマが地面をおし上げて、昭和新山ができた。

(1) ――線①について、次の各問いに答えなさい。（40点／一つ20点）

① ニュースの発信者がこの表現を使ったのは、鳥海山について、どのような見方をしていたからですか。次から選び、記号で答えなさい。

ア 鳥海山はずっと先になって噴火する。
イ 鳥海山はもうすぐ噴火する。
ウ 鳥海山はもう噴火しない。
エ 鳥海山の活動は予測がつかない。

（　　）

② 鳥海山の一五三年ぶりの噴火にあたってこの表現が使われた原因を、筆者はどのように考えていますか。「〜から。」に続くように、本文中の言葉を用いて二十字以上二十五字以内で書きなさい。

（　　　　　　　　　　　　　　　　　　　　　　　　　）から。

(2) （Ａ）〜（Ｄ）には、「自然」か「人間」のどちらかが入ります。それぞれ適切なほうを書きなさい。（40点／一つ10点）

Ａ（　　）Ｂ（　　）Ｃ（　　）Ｄ（　　）

(3) ――線②「なんにおいても非常に便利……つきまとっている」とは、どういうことですか。「自然開発」「自然破壊」という二語を用いて、わかりやすく説明しなさい。（20点）

（　　）

ハイクラス③

時間 40分
合格 80点
得点 点

答え 別冊26ページ

1 次の文章を読んで、あとの問いに答えなさい。

ゴリラには、ドラミングという両手の平で交互《こうご》に胸《むね》をたたく動作が見られる。これは長い間、ゴリラの［＊］と見なされ、ゴリラの凶暴性《きょうぼうせい》を示す態度と考えられてきた。野生のゴリラの行動が群れの中で観察されるようになって、［A］ドラミングが戦いの合図ではないことが分かるようになったのである。ドラミングはオスの専売《せんばい》特許ではない。音は小さいが、メスも子どもも胸をたたく。①それは、遊びの合図だったり、好奇心《こうきしん》や興奮《こうふん》だったり、不満の表明だったり、自己《じこ》主張だったりする。特定の相手に向けられないことも多い。

私《わたし》が驚《おどろ》いたのは、背中《せなか》の白い大きなオスどうしが近づきけんかが起こりそうになったとき、まだ若《わか》いシリーがするするっとオスたちの間に割《わ》り込《こ》んでけんかを止めたことだ。このときもシリーは二頭のオスにかわるがわる近づいてその顔をのぞきこみ、互《たが》いを遠ざけることに成功した。ニホンザルでは決してこのような仲裁《ちゅうさい》が起こりえない。体の小さなサルが大きなサル同士のけんかに介入《かいにゅう》したら、すぐさま攻撃《こうげき》されて仲裁どころではなくなってしまうからだ。ゴリラでそれが可能なのは、体の大きさに応じて優劣《ゆうれつ》が決まっていないことと、勝敗をつけることがトラブルの解決とされていないからである。ぶつかり合おうとしたオスたちはどちらも負けようとは思っていない。だから実際に組み合えば、どちらもけがなしには終わらない。誰《だれ》かが割って入ってくれれば、けんかをせずにどちらともメンツを失わずに引き分けることができる。そこで、自分たちよりも体の小さい仲裁者に従《したが》うのである。

つまり、群れ生活に平和と秩序《ちつじょ》をもたらすルールがニホンザルとゴリラとでは違《ちが》うのだ。ニホンザルは互《たが》いに優劣を認《にん》知《ち》し、勝ち負けをすぐに決めてトラブルを防ぐ。ゴリラは勝ち負けを決めずに、第三者が仲裁に入ることによって対等性を維持《いじ》する。メンツを保つためには、仲裁者は小さいほうがいいし、もし大きなゴリラが仲裁に入ったら、力づくで止められたということになり、メンツが保てなくなるからだ。相手をのぞきこむ行動もドラミングも、こういった、ゴリラの対等性を維持するために発達したに違いない。

こうしたニホンザルと②ゴリラの社会性を人間と比べてみると、人間はサルだけではなく、ゴリラに近い社会性を持っているように見える。子どものころから人間は負《ま》けず嫌《ぎら》いだし、トラブルを勝ち負けで解決するのではなく、第三者が仲裁して互いのメンツを保とうという気持ちも持っている。ただ、そこには慎重《しんちょう》な気配りが働いている。勝つことによって、実は自分が不利な状況《じょうきょう》に置かれることが多いからである。

ニホンザルのように、勝つことは相手を屈服《くっぷく》させ、抑制《よくせい》させ、押《お》しのけることを結果する。勝者と敗者は対等ではなく、勝者が利益を独《ひと》り占《じ》めにする。だから、勝っても勝者は敗者とは友達にはなれない。でも、負けないでいようとすることは相手と対等な立場が目標なので、相手を屈服させたり押しのけたりすることにはならない。友達を失わないし、[B]仲良くなれるかもしれないが、常にトラブルが起こる危険《きけん》が生じる。そのため、間を取り持ってくれる別の仲間が必要なのである。人間はこういったことにいつも最大限の注意を払《はら》いながら暮《く》らしている。勝ちたいけれど友達は失いたくないから、勝利を誇《ほこ》らず、しきりに敗者に気配りをする。サルのように利益を独占《どくせん》せず、みんなに気前よく分配する。ゴリラのように、自分より弱い仲裁者であっても言うことを聞いてメンツを保つ。人間は互いに対等であることに常に気を配りながら社会をつくってきたように思える。

（山極寿一《やまぎわじゅいち》「負けない構えの美しさをゴリラから学ぶ」）

---

(1) [＊]には「争いを始めることを相手に対して伝える」という意味の四字熟語《じゅくご》が入ります。あてはまるふさわしい四字熟語を自分で考えて書きなさい。（20点）

(2) [A]・[B]に入る適切な言葉を次から選び、記号で答えなさい。（20点／一つ10点）

ア かえって　**イ** じっと　**ウ** あらかじめ　**エ** やっと

A（　　）　B（　　）

(3) ――線①「それ」とはどのようなことを指していますか。本文中の言葉を用いて書きなさい。（20点）

（　　　　）

(4) ――線②「ゴリラの社会性」とありますが、それにあてはまるものを次から二つ選び、記号で答えなさい。（40点／一つ20点）

（　　）（　　）

ア 自分と相手のどちらが強いかを常に認識し、確かめながら暮らしている。

イ 効率性を重視し、勝敗をつけることでトラブルを解決する。

ウ トラブルが起きた時に、勝敗をつけることが解決方法とされていない。

エ 自分たちよりも体の小さい仲裁者に従い、どちらとも体面《たいめん》を失わずに引き分ける。

オ あらかじめ優劣関係を作っておくことで、仲間と競《きょう》合《ごう》が生じるのを防いでいる。

（西大和学園中―改）

時間 40分 合格 80点 得点 点

答え→別冊26ページ

1 次の文章を読んで、あとの問いに答えなさい。

《「笑い」は、人間だけが持っているものであろうか。専門家《せんもんか》の中には、「笑い」は人間独特の高度なものだと言う人もいる一方で、犬が笑うことを報告する人もいる。》

私《わたし》も「犬は笑う」ことを信ずる者の一人だが、私の体験を述べよう。私が高校生の頃《ころ》だから今から六十年近い前のことだが、ポインター系の雑種の子犬を飼っていた。犬は、特に子犬は遊び好きなものだが、この子犬ジョンも私とふざけ合うのが大好きだった。私はジョンにある時相撲《すもう》を教えた。それは人のやる相撲と同じに、仕切りからやる方法だった。まず私が手をついて仕切る。そしてオッというかけ声もろとも立ち上がりジョンの体を突《つ》いたり、はたいたりするのである。最後はジョンの両手を取って投げ飛ばしもした。

むろん最初のうちはジョンにはそんなルールが飲み込《こ》める筈《はず》がなく、なんのことか解《わか》らず戸惑《とまど》っていた。しかしそれが一種の遊びであることを理解すると、喜んで私に飛び付いてくるようになった。私が両手を突いて仕切っている間は、ジョンも両手を前に出して腹ばいの姿勢《しせい》になり、こちらのようすを窺《うかが》うようになった。しかもその時のジョンの姿勢は完全な腹ばいではなく、後半身を持ち上げ、つまり①尻《しり》を高くして敵《てき》に襲《おそ》い掛《か》かる前の形で、目は私からそらさなかった。彼《かれ》がこの遊びが嬉《うれ》しくてたまらないでいることは、仕切りの間中、尾《お》を嬉しそうにふっていたことでわかった。しばらく睨《にら》みあった後で、私がかけ声と共に立ち上がると、ジョンは激《はげ》しく飛び付いてきた。

いつも投げ飛ばしてばかりいたのでは、この遊びに興味を失うのではないかと思ったので、私は時にはジョンが飛び付いて来た時、転んでみせるとジョンは大喜びで私の回りを跳《は》ね回った。そんな時、いやたまには仕切りの間にもジョンは歯を剥《む》き出して(笑いの表情を)見せた。その頃の私は、この「犬の笑いの表情」を正確に観察し、研究するといったところまでいっていなかったので、②「こいつ奴《め》、俺《おれ》に勝ってそんなに嬉しいか」と怒鳴《どな》ったりしたことを覚えている。

ところで、③犬の怒《いか》りの表情と笑い(特殊《とくしゅ》の喜び)の表情とはどうして似通っているのだろうか。このことについて*平岩《ひらいわ》はこう述べている。

「動物の表情はどんな場合にもそれぞれの武器と密接《みっせつ》な関係があって、攻撃《こうげき》に使用されるものは同時に親和にも使用される。つまり怒りと喜びとがともに犬の最大の武器である歯を中心に表示されても少しも不思議はない。敵を噛《か》み裂《さ》く歯は同時に戯《たわむ》れて友をくわえる歯でもあるのだ」

たしかに犬は怒《おこ》った時、ほえたり、飛びかかったりするが、嬉しい時もほえたり飛びかかったりするし、嬉しい時に尾をふるが、怒って攻撃する時も尾をふる。それは闘犬《とうけん》大会などでは頻繁《ひんぱん》にみられる現象である。噛み合って血だらけになって闘争《とうそう》している犬がしきりと尾をふっていることがある。大会の主催者《しゅさい》などは、

「犬は闘争本能があるから、こうして戦っているのが嬉しくてたまらない。そこで喜んであのように尾をふるのだ」と説明しているが④そんなことはない。われわれ人間は悲しい時には涙《なみだ》を流して泣くが、この落涙《らくるい》は悲しい時とばかりは限らない。嬉しい時やおかしい時にも涙を流す。つまり感情が激《げき》した結果、涙腺《るいせん》を刺激《しげき》して落涙するのであり、この現象はなにも人間だけとは限らない。（戸川幸夫《とがわゆきお》「イヌ・ネコ・ネズミ」）

＊平岩＝平岩米吉《ひらいわよねきち》。「犬の行動と心理」などの著書《ちょしょ》がある。

(1) ――線①「尻を高くして敵に襲い掛かる前の形」とは、ジョンが何をしている時の姿ですか。本文中から三字でぬき出しなさい。（10点）

□□□

(2) ――線②「こいつ奴……嬉しいか」とありますが、この時の筆者の気持ちを次から選び、記号で答えなさい。（20点）

（　　）

ア わざと負けてやってはみたものの、ジョンがあまりにも嬉しそうなので、少し腹を立てている。

イ ジョンにすきを見せてみたところ、うっかり転ばされてしまい、自分の不注意を反省している。

ウ まさか相撲でジョンに負けるとは思っていなかったので、犬に負けたことを強く後悔《こうかい》している。

エ 大声を上げてはいても、自分の訓練でジョンがどんどん強くなっていくのを心から喜んでいる。

(3) ――線③「犬の怒り……似通っているのだろうか」とありますが、歯を用いるところのほかに、どのようなところが似通っていますか。本文中の言葉を用いて、「〜ところ。」に続くように、それぞれ五字以内で三つ書きなさい。（30点／一つ10点）

・□□□□□ところ。

・□□□□□ところ。

・□□□□□ところ。

(4) ――線④について、次の各問いに答えなさい。（40点／一つ20点）

① 「そんなこと」とは、どんなことですか。本文中の言葉を用いて、簡潔《かんけつ》に説明しなさい。

（　　　　　　）

② 筆者は、犬が尾をふる理由をどう考えていますか。「〜であると考えている。」に続く言葉を、本文中から八字でぬき出しなさい。

□□□□□□□□であると考えている。

〔吉祥女子中―改〕

チャレンジテスト⑦

時間 40分
合格 80点
得点 　　点

答え▶別冊26ページ

1 次の文章を読んで、あとの問いに答えなさい。

アザラシについても、インターネットには「わかっていること」しか書いていないでしょう？　でも、旭山《あさひやま》動物園に「アザラシ館」を作ったら、それまで僕《ぼく》たちにもわからなかったことがいろいろわかってきたんですよ。

たとえば、それまで、ゴマフアザラシは、野生でも生まれたばかりの子供《こども》は泳がせないと言われていました。子供の毛の白いうちはあまり泳がないとも言われていたのです。泳いでいる映像《えいぞう》を撮影《さつえい》しただけでニュースになるくらいでしたからね。ところが、旭山動物園で生まれたアザラシの赤ちゃんを見ていたら、生まれたその日から、お母さんに連れられて一日三回も四回も泳いでいます。

それを人間が知らなかっただけなのです。考えてみたら、①それも当たり前のこと。僕たち人間が、野生のアザラシが暮《く》らす厳《きび》しい環境《かんきょう》のところに行って観察することはなかなかできません。もし行けたとしても、アザラシは警戒《けいかい》心が強いので、人間が観察しているとわかれば、赤ちゃんを連れて泳ぐはずがありません。動物園のように、絶対安心な状況《じょうきょう》であることがわかれば、生まれたばかりの赤ちゃんを連れて泳いでいるのです。インターネットではこんな発見はできませんよね。

自然科学というのは時の流れとともに動いているもので、一カ所に留まることはありません。飛んでいる矢と一緒《いっしょ》に動いていたら、矢が止まっているように見えるのと同じで、みんなが同じスピードで進んでいるから止まって見えるだけなのです。現在は、「現在」と言っている間に過去になってしまいます。過去と（　　　）の間の一瞬《いっしゅん》のところで真理を見つけるのが、大発見です。

そして、そういう大発見をするのは、真理を見出《みいだ》すために②常にアンテナを張っている人間です。では、いつそういう癖《くせ》を身につけるのかと言ったら、子供のときにしかチャンスはありません。「なぜアリは一列になって歩くのだろう？」「なぜ毛虫はこの葉っぱしか食べないのだろう？」――そういう疑問《ぎもん》を持つ癖を自然と身につけた子供こそが、大発見をする科学者になります。

③昔の子供たちは、全員が科学者になる素質を持っていたように思います。“科学者の芽”を持っていたと言ってもいい。今の子供たちはどうでしょう？　インターネットに頼《たよ》りすぎたら絶対に科学者の芽は育ちません。なぜなら、インターネットには、使う人が疑問を持つ前に、「なぜアリが一列になって歩くのかというと、アリの足の裏には特殊《とくしゅ》な物質がついていて、後ろのアリはそれをたどっているから」と答えが書い

てある。そうしたら、ここで科学者の芽は摘《つ》まれてしまうのです。

大事なことは、自分で考えて答えをたくさん用意すること。新発見は突然《とつぜん》できるものではありません。新発見をする人は、仮説をたくさん持っている人です。仮説をたくさん持つには、こうではないか、ああではないかといろいろ考えていなければなりません。だから、新発見とはいっても、それは必ず自分の想定、つまり仮説の範囲《はんい》内なんですね。

「わからないこと」を知り、疑問を持ち、自分で考えて仮説を立てる。これは子供たちが生きていくうえで絶対に必要な能力だと思います。

（小菅正夫《こすげまさお》「命のメッセージ」）

(1) ——線①「それ」とは、どのようなことを指していますか。本文中の言葉を用いて書きなさい。（25点）

（　　　　）

(2) （　）に入る漢字二字の言葉を、考えて書きなさい。（15点）

(3) ——線②「常にアンテナを張っている人間です」とありますが、「常にアンテナを張る」とは、どういうことですか。わかりやすく説明しなさい。（20点）

（　　　　）

(4) ——線③「昔の子供たちは、全員が科学者になる素質を持っていたように思います」とありますが、なぜこのように言えるのですか。次から選び、記号で答えなさい。（　）（20点）

ア 昔の子供たちは、今の子供たちと違《ちが》って豊かな自然の中で暮らしていたため、科学に興味を持っている子供たちが多かったから。

イ 昔の子供たちは、今の子供たちと違って答えがすぐに手に入る状況ではなかったので、自ら疑問を持って考えていくことができたから。

ウ 昔の子供たちは、今の子供たちよりも勉強していたため、インターネットから流れてくる情報を一方的に信じるということがなかったから。

エ 昔の子供たちは、今の子供たちよりも生活が貧しかったので、科学を勉強して豊かな生活を手に入れたいと心から願っていたから。

(5) 筆者は、今の子供たちにはどんな力が必要だと考えていますか。それがまとめて述べられている一文を本文中から探《さが》し、その初めの五字をぬき出しなさい。（20点）

〔愛光中—改〕

総仕上げテスト①

時間 45分
合格 80点
得点 　点

答え▼別冊27ページ

1 次の文章を読んで、あとの問いに答えなさい。

《「私《わたし》」（＝正文《まさふみ》）は、実家で母の世話をしている兄の「幸吉《こうきち》」から家庭の事情で母を施設《しせつ》に入れたいという相談を受け、娘《むすめ》の「万由子《まゆこ》」と妻を連れて帰省した。その夜、母の入所を巡《めぐ》って兄と口論《こうろん》になったが、兄も悩《なや》んだ上での決断であり、母もすでに承知していることを知った私は、兄に代わって母を施設まで送ろうと決めた。》

ふと、＊姉《あね》さん被《かぶ》りをした母がカーネーションの箱詰《はこづ》めをする姿《すがた》を思い出した。

思えば、来る日も来る日も父と同じだけの農作業をこなし、夕刻《ゆうこく》には家族のために風呂《ふろ》を沸《わ》かし、食事の支度《したく》をした。私が「母ちゃん、腹《はら》減った。早くメシ」と文句を言っても、母は私を叱《しか》ったことはない。それどころか、母は私の前で愚《ぐ》痴《ち》ひとつこぼしたこともない。

決して贅沢《ぜいたく》な暮《く》らしぶりではなかったが、少なくとも飢《う》えることなく育ててもらった。それがどんなに大変なことか。疲《つか》れていただろうに……。家族を持った今なら、私にもその苦労が少しは分かるが……。

「オレも万由子のためなら死ぬ気で頑張《がんば》るつもりさ。でも、子どものことと親のことは……」

私がそう言いかけると、母は小《ちい》さく頭《かぶり》を振《ふ》った。

「お前も幸吉たちも、大病もせず事故にも遭《あ》わず、世間様から①後ろ指を指されることもなくちゃんと育った。家庭を持って立派《りっぱ》にやってるんだから、あたしはそれだけでしあわせだ」

「全然、立派じゃないよ。何とか踏《ふ》ん張《ば》ってるって感じだ。まあ厄介《やっかい》な問題も色々あるし……。いや、おふくろのことじゃないよ、その……」

母は「うんうん」と穏《おだ》やかに頷《うなず》いた。

「正文、人は生きていれば色んなことがある。②でも、人の手はふたつしかないからね」

「うん？　人の手？」

「そんなに多くのことは抱《かか》えられないってこと。いくら大事なものを持ってても、もっと大事なものができれば、先に持ってたものは手放さなきゃならない。荷物を持つにも順番があるんだ。欲張《よくば》ったり無理をすれば、それは大事な荷物じゃなく〝お荷物〟になるだけ。だから今、お前がちゃんと抱えてあげなきゃならないのは家族と仕事。親に育ててもらったら、今度は子どもを育てる。世の中は順番なんだから。それが③一番の親孝行《おやこうこう》になるんだから。お前は万由子のために一《いっ》所懸命《しょけんめい》働けばいい」

「だけど……」

「ああ、この子は本当に可愛《かわい》いね」母は私の次の言葉を遮《さえぎ》るように娘の額に手を伸《の》ばした。
「きっと美人さんになる。ほーら」

（森浩美《もりひろみ》「こちらの事情」）

＊姉さん被り＝働く女性の手ぬぐいのかぶり方。

(1) ——線①「後ろ指を指される」とありますが、本文における意味を次から選び、記号で答えなさい。（5点）

ア うらやましがられる。　**イ** 陰《かげ》で悪く言われる。
ウ うわさされる。　**エ** 直《じか》に非難《ひなん》される。

（　　）

(2) ——線②「でも、人の手はふたつしかないからね」とありますが、この時の母の心情の説明として最も適切なものを次から選び、記号で答えなさい。（10点）（　　）

ア 人間が生きる上でできることには限りがあると伝えつつ、自分のことで悩む必要がないことをさとしたい。
イ 親として重要な役目である子育てを妻にまかせ、何事も全力で働くことが最も尊《とうと》いと息子《むすこ》に伝えたい。
ウ 選択《せんたく》の連続だった人生で、自分は施設に行くことを選んだのだから、これ以上構わないでほしい。
エ 子育てが終わったと思ったら、子に面倒《めんどう》をみてもらう順番になるものだということを息子に伝えたい。

(3) ——線③「一番の親孝行」とありますが、母と私はそれぞれどのようなことが「親孝行」だと考えているでしょうか。それぞれ三十字以内で書きなさい。（20点／一つ10点）

母

私

（桐光学園中—改）

2 次の文章を読んで、あとの問いに答えなさい。

精神分析《ぶんせき》学者エリクソンのいう①モラトリアムとは、社会的な責任や義務を免除《めんじょ》された形で若者《わかもの》がさまざまな役割《やくわり》実験を試みる準備期間をさす。役割実験というのは、今風に言えば、いろんな勉強をしてみたり、資格にチャレンジしてみたり、アルバイトやボランティアあるいはインターンシップでいろんな仕事を試《ため》しに経験してみること。つまり、自分にはどんな社会的役割、つまり仕事が向いているかを試してみることをさす。

このようなモラトリアム期間は、仕事をするにも見習い中ということで半人前扱《あつか》いをされ、まともな収入《しゅうにゅう》が得られないため欲《ほ》しいものもなかなか買えないし、半人前のクセにと言われて異性《いせい》との交際もままならないなど、非常にフラストレーションが溜《た》まる。

つまり、古典的なモラトリアム期間は、何とも居心地《いごこち》が悪く、一刻《いっこく》も早く抜《ぬ》け出《だ》したい不自由な時期だった。だから、若者は、だれも早く大人になって、自由に生きたいと思った。

精神分析学《ぶんせきがく》の創始者《そうししゃ》フロイトは、三年以上に及《およ》ぶ苦しい婚《こん》約《やく》期間の末に、ようやくマルタと結婚《けっこん》することができた。開業して一人前の医師にならなければ結婚を許されないという厳《きび》しい時代の、禁欲《きんよく》と修業《しゅぎょう》のモラトリアムが、フロイトを歴史上に名を残す偉大《いだい》な人物に育て上げたといえる。

②今の時代に、そんな不自由な制約はない。

世の中の価値観《かちかん》が多様化し、個人の自由を大幅《おおはば》に尊重《そんちょう》するようになったため、定職に就《つ》いていないからといって異性との交際や結婚が許されないということはない。まだ就職《しゅうしょく》したばかりの半人前の新人だろうが、アルバイターだろうが、結婚しようと思えばできる。結婚を許してもらうために必死に力をつけて一人前になる必要などない。

また、社会全体が豊かになったため、定職に就けなくても、そこそこの収入が得られ、欲しいモノを買ったり、旅行したりできる。半人前であっても、消費者としての権利《けんり》を行使して楽しむことができる。

さらに、止まるところを知らない技術革新《かくしん》によって世の中がめまぐるしく変動するため、今修業感覚で何らかの技術を身につけたところで、将来働《しょうらいはたら》き盛《ざか》りになった頃《ころ》には使い道のないものになっているかもしれない。そうなると、一つの道に賭《か》けて邁進《まいしん》するということもしにくく、何を本職にするかの最終決定はできるだけ先延《さきの》ばしにして、さまざまな可能性を残しておきたいと考える。

このように、大人になるための準備期間としてのモラトリアムが、大きく様変わりしたのだ。半人前でも厳しい禁欲を強《し》いられるわけではなく、フラストレーションが溜《た》まることもない。社会的責任や義務を免除《めんじょ》されている分だけ、むしろストレスが少ない。そんな現代のモラトリアム期間は、できるかぎり抜け出したくない自由な時期になったわけだ。

大人としての義務や責任は免《まぬが》れるが不自由なのが古典的モラトリアム。大人としての義務や責任はないが自由はあるのが現代的モラトリアム。そうであれば、③モラトリアムを抜《ぬ》け出したくないという若者が現代に多いのも、当然のことといってよい。

（榎本博明《えのもとひろあき》『自分はこんなもんじゃない』の心理）

(1) ——線①「モラトリアム」が指す内容を、本文中から十二字でぬき出しなさい。（10点）

(2) ——線②「今の時代に、そんな不自由な制約はない」とありますが、「そんな不自由な制約はない」とはどのようなことですか。本文中の言葉を用いて三つ書きなさい。（30点／一つ10点）

（　　）

(3)　——線③「モラトリアムを抜け出したくないという若者が現代に多いのも、当然のことといってよい。」とありますが、なぜ「当然のこと」なのですか。本文中の言葉を用いて、その理由を書きなさい。（10点）

3　次の詩を読んで、あとの問いに答えなさい。

自分の①感受性くらい　　茨木《いばらぎ》のり子《こ》

ぱさぱさに乾《かわ》いてゆく心を
ひとのせいにはするな
みずから水やりを怠《おこた》っておいて

気難《きむずか》しくなってきたのを
友人のせいにはするな
しなやかさを失ったのはどちらなのか

苛立《いらだ》つのを
近親のせいにはするな
なにもかも下手だったのはわたくし

初心消えかかるのを
暮《くら》しのせいにはするな
そもそもが　ひよわな志にすぎなかった

駄目《だめ》なことの一切《いっさい》を
時代のせいにはするな
わずかに光る尊厳《そんげん》の放棄《ほうき》

②自分の感受性くらい
自分で守れ
ばかものよ

(1)　——線①「感受性」の意味を次から選び、記号で答えなさい。（5点）

ア　何にでも感謝する心。　　イ　何でも受け入れる姿勢《しせい》。
ウ　何かを感じとる力。　　エ　何かに対抗《たいこう》する意志。

(2)　——線②「自分の感受性くらい　自分で守れ　ばかものよ」とありますが、作者はどのようなメッセージをこめたのでしょうか。考えて書きなさい。（10点）

総仕上げテスト②

時間 45分
合格 80点
得点 点

答え⇨別冊27ページ

1 次の文章を読んで、あとの問いに答えなさい。

①科学的に考える。それは、過去に積み重ねられたさまざまな事実をふまえた上で、新たに得られたデータやその多面的な分析《ぶんせき》をもとに、平らな心で真理を追究しようとする姿勢《しせい》を意味します。なんだかむずかしそうと思うかもしれませんが、決してそうではなく、ちょっとした心がけで誰《だれ》にでも身につけられるものだということをこれからお話ししていきましょう。ただその前に、実際の科学者がどんなことを考えながら研究を行っているのかについてご紹介《しょうかい》したいと思います。

私《わたし》は、これまでⓐザッシや本を作る仕事をしてきました。ノーベル賞を受賞した第一線の科学者をはじめ、さまざまな分野で活躍《かつやく》する国内外の科学者のインタビューをしたこともあります。彼《かれ》らがどんな子ども時代を過ごし、なぜ科学者になったのかといった生《お》い立《た》ちを聞くのは楽しいひとときです。ブレークスルーと呼《よ》ばれる常識を打ち破る画期的な発明や発見を成《な》し遂《と》げた人に、その瞬間《しゅんかん》に至《いた》るまでの道のりについて説明してもらうときはミステリー小説を読んでいるときのようにワクワクします。

*GFPという言葉を聞いたことはありますか。緑色の蛍光《けいこう》を発することから、生きた生物の体内で特定の遺伝子《いでんし》が機能しているかどうかを調べる目印として、医学研究などで盛《さか》んに利用されているたんぱく質です。アメリカのウッズホール海洋生物学研究所特別上席研究員の*下村脩《しもむらおさむ》博士は、GFPを発光生物のオワンクラゲから発見したⓑコウセキによって、二〇〇八年に、ノーベル化学賞を受賞しました。選考委員会は、GFPを「生命科学を導く星」と称《たた》えましたが、下村博士は、発見は純粋《じゅんすい》な好奇心《こうきしん》に導かれたもので応用は考えていなかったといい、受賞記念ⓒコウエンでも②「GFP発見は、天の導きによるものであり、天は私を使って、人類にGFPを与《あた》えたのではないかと思うことがあります」と語りました。

下村博士にお会いできてまず意外だったのは、GFPは一九六〇年代に、オワンクラゲの発光物質である*イクオリンを発見した時の副産物であって、当時は科学界でもまるきり注目されなかったということです。イクオリンはカルシウムを検出する薬品として役に立ったことから、下村博士は「ミスター・イクオリン」として有名になったほどでした。

それでも、いつかきっとGFPが必要になる日がくると考えた下村博士は、これをⓓセイセイして保管しておくことにしました。なぜなら、GFPをセイセイしようとすると、イクオリンとGFPが最後の最後まで双子《ふたご》のようにくっついていたからです。気になることはまだありました。オワンクラゲは緑色に光りますが、イクオリンは、単体では青く光ります。オワンクラゲの発光物質がイクオリンだけなら青く光るはずなのに……。下村博士は、それが不可解でならなかったのです。

当時の科学者の間では、生物が光る現象は、ルシフェリンという化合物とルシフェラーゼという酵素《こうそ》の反応によって起こると考えられていました。ホタルやウミホタルはこの反応で光ります。

下村博士がその仕組みを発見したのは、それから十年以上経《た》ってからのことでした。イクオリンとGFPが接近する状《じょう》況《きょう》を実験的につくったところ、イクオリンがカルシウムと結合すると自ら作りだしたエネルギーで青く光り、GFPはそのエネルギーを奪《うば》って緑色に光っていたのです。のちに、フォトプロテイン発光系《けい》と名付けられるこの現象を証明するために、下村博士が採集したオワンクラゲの数はなんと八五万匹《ひき》にも及《およ》びました。

その後、新たな科学者たちによって、GFPは生きた生物の体内で発光させることができるようになり、今では、がんの転移の追跡《ついせき》や、神経細胞《さいぼう》の発生を観察するときに欠かせない道具となっています。下村博士は「すばらしいですね。それが役に立つとね」とまるで人ごとのように語ったあと、受賞記念コウエンのときと同じようにこういいました。「人の役に立つことなんか考えていませんでしたよ。完全に

[A]の研究です」

このようなすばらしいコウセキを前にすると、やはり科学的な考えというのは、ⓔセンモン家でなければむずかしいのでは、と思ったかもしれません。たしかに、研究に従事《じゅうじ》する場合は、センモン性が必要です。幅広《はばひろ》い知識や実験を行う技術も大切でしょう。[B]、考え方についてはどうでしょうか。ⓕテイセツにこだわらない。先入観にとらわれない。違和感《いわかん》を持ったら立ち止まる。実験と観察とそこから得られたデータに基《もと》づいて、何がいえるかを徹底的《てっていてき》に考え抜《ぬ》く。疑問《ぎもん》を解決するためには、③手段《しゅだん》も時間も惜《お》しまないという忍耐力《にんたいりょく》が大切ですし、何よりも、なぜそうなるのか理由を知りたいという好奇心を持続させることが必要です。それは、必ずしも、科学者だからできるということではありません。

（最相葉月《さいしょうはづき》「科学は私の中にある」特別授業3.11）

＊GFP＝緑色蛍光タンパク質のこと。一九六二年、下村脩氏により発見された。

＊下村脩＝有機化学者、海洋生物学者。ウミホタルやオワンクラゲなどで生物発光の研究をし、緑色蛍光たんぱく質（GFP）を発見。このGFPの遺伝子を用いた蛍光マーカーが生命科学の飛躍的発展《ひやくてきはってん》につながる。二〇〇八年、ノーベル化学賞を受賞。

＊イクオリン＝一九六二年、下村脩とFrank.H.Johknson らによってオワンクラゲから発見された発光たんぱく質。クラゲの発光細胞内《さいぼうない》でカルシウムの濃度《のうど》を感知することで発光する、という発想は当時大反響《だいはんきょう》を呼《よ》んだ。

(1) ——線ⓐ〜ⓕのカタカナを漢字に直しなさい。（24点／一つ4点）

ⓐ（　　）　ⓑ（　　）

ⓒ（　　）　ⓓ（　　）

ⓔ（　　）　ⓕ（　　）

(2) ——線①「科学的に考える」を言いかえている部分を、本文中から七十字以内で探《さが》し、初めと終わりの四字をぬき出しなさい。（10点）

□□□□〜□□□□

(3) ——線②「GFP発見は、天の導きによるものであり、天は私を使って、人類にGFPを与えたのではないかと思うことがあります」とありますが、下村博士がこのように話した理由を、本文中の言葉を用いて三十五字以内で書きなさい。（20点）

(4) 本文には、次の一文がぬけています。この文が入る直前の五文字を本文中からぬき出しなさい。（句読点も一字に含《ふく》めます。）（6点）

ところが、オワンクラゲの発光は、これまでのテイセツでは説明できません。

(5) A に入る漢字二字の言葉を、本文中から探《さが》して書きなさい。（5点）

(6) B に入るつなぎ言葉を次から選び、書きなさい。（5点）

さて　だから　でも　そして

（　　）

(7) ——線③「手段も時間も惜しまないという忍耐力が大切」とありますが、それがわかる下村博士の行動を、本文中の言葉を用いて五十字以内で書きなさい。（25点）

(8) 日本人で初めて、ノーベル文学賞を受賞した人を、次から選び、記号で答えなさい。（5点）

ア 村上春樹《むらかみはるき》　イ 川端康成《かわばたやすなり》

ウ カズオ・イシグロ　エ 大江健三郎《おおえけんざぶろう》

（　　）

ひっぱると，はずして使えます。

小6

ハイクラステスト 読解力

答え

答え

読みの手がかり

1 言葉の意味

標準クラス

2～3ページ

1 (1)イ (2)ウ (3)オ (4)ア (5)ク

2 (1)名著 (2)専用 (3)実態 (4)資源 (5)応対 (6)善意

3 イ

4 ⓐカ ⓑウ ⓒケ ⓓエ ⓔア ⓕク ⓖオ ⓗキ ⓘイ

5 (1)ア (2)ア

6 (1)ウ (2)ア

考え方

1 (1)本来の意味は、多くてもこの程度だろうと限度や数量をしめくくるということでしたが、相手を見くびったりあなどったりするという意味で使われるようになりました。「たか（高）」は、「たかがこれしきのこと」などというときの「たか」と同じ意味で、合計・総額という意味です。「たかをくくっていたのが失敗のもとだ。」などの例があります。(2)和歌や俳句《はいく》などで、「赤とんぼ筑波《つくば》に雲もなかりけり」というように、「けり」で終わるものが多いところから、ことがかたづくことや決着がつくことをいうようになりました。(3)「ふ」は内臓《ないぞう》または心のこと。「どう考えてもふにおちない。」などの例があります。(4)医者が薬をすくうさじをすて、病人を見はなしたことから、見こみがないとあきらめる意味。「問題がむずかしくてさじをなげる。」などの例があります。(5)「かたず」は緊張《きんちょう》したときなどに、口の中にたまる「つば」のことで、どうなることだろうかと、心配してじっと見つめるの意味。「勝敗のゆくえをかたずをのんで見守った。」などの例があります。

2 あとの語群で、例と解答に選んだもの以外の言葉は、実地・資料・招待・専門《せんもん》・伝説・有名です。専用―専門、応対―招待、資源《しげん》―資料などがまぎらわしいので、注意しましょう。

3 「恒例《こうれい》」の意味は、いつもきまって行われることです。似た意味の言葉は、「定例」です。ここはあてはまらない選択肢《せんたくし》を消していく方法がよいでしょう。

4 時に関係ある、よく使う言葉の整理です。二通りの言い方がある言葉もあるので、使われる場面も考えて使い分けましょう。これらの言葉の語源《ごげん》はあいまいなものもあります。「おととい」の「おと」は遠方を意味しており、「おとつい」ということもあります。

5 言葉のつながり方を考える際には、その意味をていねいにとらえることが大切です。言葉のつながり方は、文のきまりともかかわりますが、ここでは、一文の意味をとらえて考えましょう。

6 (1)ふつうでは考えられない、の意味と、のぞましくない、という意味があります。また、人の言葉を、強く打ち消すときにも使われます。(2)反対や、困難《こんなん》をおしきって行おうとするの意味。「断固たる態度」などと使うこともあります。

ここに注意

3 6 国語辞典を使うことに十分に慣れるようにしたいものです。文の前後で意味がある程度わかる場合もありますが、やはり、辞典を引く習慣をつけることが大切です。また、同じ言葉でも意味が異《こと》なるものがあるので、実際の文で意味のちがいを理解するようにしましょう。

ハイクラス

4～5ページ

1 (1)ウ (2)イ (3)ウ

2 (1)ア (2)ウ

3 (1)カ (2)イ (3)エ (4)オ (5)ア

4 (1)ア (2)イ

小6 ハイクラステスト 読解力

5 (1)ウ　Aイ　Bア　Cエ
(2)エ　Aイ　Bウ　Cア

考え方

1 (1)休みなく続けること、の意味。文の意味からは、どれもあてはまりそうですが、ここは、言葉そのものの意味が問われているので注意しましょう。「のべつ」は、「延《の》べつ」で、ひっきりなしという意味。「幕《まく》なし」は、芝居《しばい》で幕を引くことなく演じ続けることをいいます。同じ意味の言葉を重ねて強調した言葉です。(2)「あっけない」と「あっけにとられる」のちがいに注意しましょう。「あっけない」はもの足りないという意味。「あっけにとられる」は、意外なことに出会っておどろきあきれることで、「あいた口がふさがらない」と同じ意味です。(3)えんりょなく、平気で進み出るようすを表します。

2 (1)納得《なっとく》できないこと・不満足に思うこと、の意味。「その決定に不服を申し立てる。」と使われます。「不平」と似ています。
(2)「あぐねる」は、物事がうまくいかず、どうしたらよいかわからなくなる、の意味。「思いあぐねる」「さがしあぐねる」などと用いられます。

3 外来語についての問題です。今は、外来語が日常的に多く使われているので、慣れておきましょう。ニュースでよく使われていても、その意味が不明な外来語もあります。広く一般《いっぱん》的に使われ、国民の間に定着しているとみなせる語は、意味を理解しておきましょう（たとえば、スポーツ、ボランティア、リサイクルなど）。ここはそれらの外来語の意味を問う出題です。

4 「事実」は、実際にあった事がら・ほんとうにあったこと、の意味と、実際に・ほんとうに、の意味があります。前者は名詞《めいし》、後者は副詞です。ここでは副詞の言葉を選びます。

5 (1)「生じる」は「生ずる」ともいいます。「根が生じる」「事件が生じる」などと使われます。(2)「風」には、「雨風」のかぜの他に、ならわし・けしき・おもむき・ようす・うわさなどの意味があります。次のような熟語《じゅくご》で確認しておきましょう。風雨・洋風・校風・風景・風物・風格・風評など。

ここに注意

4 5 一つ一つの言葉だけを考えずに、文の中での使われ方から、意味を理解するようにします。いろいろな文章に目を通して、そのつど意味を確かめていきましょう。

2 文のきまり

標準クラス

6〜7ページ

1 (1)①カ　②コ
(2)①コ　②サ

2 (1)イ　(2)ア　(3)ウ
(4)イ　(5)イ　(6)イ

3 (1)イ　(2)ウ　(3)ア
(4)エ

4 (1)ウ　(2)ア

5 (1)オ　(2)エ　(3)ウ
(4)ア　(5)カ

6 エ

考え方

1 (1)文の意味から主語、述語を考えます。(2)「〜も」が主語を表す形の一つであることに注意しましょう。

2 アが単文（主語述語の関係が一回のもの）、イが複文（主語述語が一回成り立っている文の中の従属《じゅうぞく》的な部分に、さらに主語述語の関係が成り立っているもの）、ウが重文（主語述語の関係の成り立っている二つ以上の部分が、並列《へいれつ》されているもの）。

3 ア「だ」は断定の助動詞、イ「らしい」は遠まわしな断定・推定の助動詞、ウ「そうだ」は伝聞の助動詞です。エ「だろうか」は断定と推量《すいりょう》の助動詞の合わさった「だろう」に助詞「か」がついて、不確かなことについての疑問《ぎもん》を表したものです。

4 (1)「の」が格助詞の場合、以下のような用法があります。①体言を修飾《しゅうしょく》する。②「が」に置きかえられる。③名詞に置きかえられる。また、終助詞「の」の用法では、①断定の気持ちを軽く表現する、②問い、があります。(2)「が」は格助詞、接続助詞、接続詞の用法があります。「おおかみが」

は格助詞、「兄が」も格助詞、「くもっているが」は逆接の接続助詞、「ふくが」は並列の接続助詞、「……きた。が、」は逆接の接続詞です。

5 呼応《こおう》の言葉についての出題です。「たとえ～ても」「なぜ～だろうか」「多分～だろう」「どうか～ください」「まるで～ような」というように呼応しています。(2)には、ウ「だろう」もエ「だろうか」も入れることができます。ただし、(3)がウとなり、同じ記号が使えないため、(2)はエに決まります。

6 「まさか」はいくらなんでもの意味です。あとに「ない」などの打ち消しの言葉がきます。

ここに注意

1 主語や述語を見つけるには、ふつう文の終わりの方にある述語を見つけ、反対にたどって主語を見つけます。また、主語や述語が省かれた文や、主語と述語が逆になった文もあるので、注意しましょう。主語の形として、「～は」「～が」以外に、「～も」「～こそ」「～しか」「～さえ」などもあります。

6 かかり受けは、説明する・されるという関係のことです。組み立てが複雑な文の場合には、主語・述語・修飾語に分けてかかり受けを整理し、図に書き表してみましょう。また、長い文の場合には、それぞれ主語・述語・修飾語の役割《やくわり》をするやや長いまとまりに分けて、組み立てを考えましょう。

ハイクラス 8～9ページ

1 (1)イ (2)イ (3)ア (4)ウ

2 (1)たら（れば） (2)まい (3)のに（けど） (4)ても

3 (1)ウ (2)エ (3)イ (4)オ (5)ア

4 例(1)ない (2)だろう（でしょう） (3)か（かな） (4)ても (5)ようだ（ようです）

5 (1)ウ (2)ウ

6 (1)イ (2)ウ (3)エ (4)ア

7 (1)イ (2)ア

考え方

1 (2)・(3)主語の言い方は、「～が」だけではなく、「～も」「～こそ」などもあります。(4)主語・述語の位置が逆になっています。

2 (1)「ひけたら」の「たら」は、述語の末尾に「た」が付いた形に「ら」を付けたもので、仮定の意味を表します。(2)「あるまい」の「まい」は助動詞で、ないだろうという意味です。(3)「なったのに」の「のに」は逆接の接続助詞です。(4)「失敗しても」の「ても」も逆接の接続助詞で、「たとえ」と呼応し仮定の事がらを示しています。

3 (1)名詞を修飾している部分です。(2)述語のはたらきをする部分です。(3)強調したい部分を独立させて前に出した形です。(4)接続部としてあとの文節につながる部分です。(5)主語のはたらきをする部分です。

4 あとに続く言葉が決まっている呼応の副詞についての出題です。組になる言葉の使い方に慣れるようにしましょう。

5 (1)「まるで」は、あとに「ようだ」などのたとえの言葉がきます。(2)「きまって」は、かならず・いつも、という意味です。

6 (1)「森の外れで」は「鳴いています」の修飾語です。(2)「父は」が主語、「吸《す》う」「飲まない」が述語です。(3)複文の例です。(4)主語はなく、述語は「日でした」です。

7 (1)イの「ない」だけは、「ぬ」に置きかえることができません。(2)アの「らしい」は、ふさわしいという意味です。

ここに注意

5 6 文の組み立てを表す図を書くことに慣れましょう。また、かかり受けについては、一つの言葉にいくつもの言葉がかかっていることもあるので、注意しましょう。

---

3 指示語・接続語

標準クラス 10～11ページ

1 (1)カ (2)キ (3)ウ (4)エ (5)イ

2 Aウ Bア

3 Aエ Bイ

4 例パリのホテルで湯を飲んだことが原因の一つとなっての大げりをした（こと）。

5 ①交通機関、特に航空機の発達によって、遠いところへも短時間で行けるようになった（こと）。
②新聞・ラジオ・テレビ（などの報道機関）。

考え方

1（　）には、それぞれ次のような言葉が入ります。⑴話題を変える言葉。⑵逆接を表す言葉。⑶前の部分にあとの部分の理由がくることを表す順接の言葉。⑷原因のあとに結果がくることを表す順接の言葉。⑸どちらかを選ぶことを表す言葉。

2 A「十分に目を引くほどはなばなしくなってきています」と「今では、日本古来の打ち上げ花火に混じって花火大会の山場で、こうした欧米《おうべい》式の色あざやかな花火やロケット式……」との関係を考えましょう。現在の花火はマグネシウム・アルミニウムなどを使い、はなばなしくなってきているために、「今では」こうした欧米式の色あざやかな花火が多く用いられていると述べています。つまり、この二文は原因と結果の関係になっています。B逆接の「しかし」で続けて、「花火の美しさは、なんといっても…最高でしょう。」と筆者は自分の意見を述べています。筆者は花火の美しさははなばなしさだけではないので、日本の花火が最高だと述べています。

3 Aそのうえという意味の言葉が入ります。B各階がかたく結び付けられていないことの理由を受ける、順接の言葉が入ります。

4「一説では……そのことも原因の一つになっているらしい」という部分を、事実を中心にまとめます。

5 それぞれすぐ前の文に注意しましょう。「その」が指し示していると考えられる言葉を、「その」のかわりにあてはめてみるとわかりやすいでしょう。

ここに注意

1 2 3 接続語は、「つなぎ言葉」ともいいます。文章の流れをつかみ、内容を理解する上で、大きな手がかりになるので、それぞれの接続語のはたらきをしっかり覚えましょう。

ここでは、接続語のはたらきを、おおまかに分けて説明します。

①順接（前の事がらが原因・理由になり、あとの事がらが結果・結論になります。）
「だから」「それで」「そのため」「このため」「したがって」「そこで」「すると」「ゆえに」「それゆえに」「それでは」「それなら」

②逆接（前の事がらやそれから予測される結果とは逆の結果になります。）
「しかし」「しかしながら」「ところが」「が」「けれども」「でも」「だけど」「のに」「なのに」「それなのに」「にもかかわらず」「それにもかかわらず」「ものの」「とはいうものの」「それでも」

③並列《へいれつ》（前の事がらに続けて、後の事がらを並べます。）
「また」「および」「かつ」「ならびに」「同じく」「同様に」など

④列挙（前の事がらに対して後の事がらを並べ上げるとき、その順番を示します。）
「第一に」「第二に」「第三に」「一点目は」「二点目は」「三点目は」「一つ目は」「二つ目は」「三つ目は」「最初に」「次に」「最後に（はじめに、そのあとに、おわりに）」「一つは」「もう一つは（一点は、もう一点は）」など

⑤添加《てんか》（前の事がらに後の事がらを付け加えます。）
「そして」「それに」「それにしても」「ともあれ」「それから」「しかも」「おまけに」「さらに」「そのうえ」「加えて」「それどころか」「どころか」「そればかりか」「ばかりでなく」「その上で」など

⑥対比（前の事がらと後の事がらを比べます。）
「一方」「他方」「逆に」「反対に」「その反面」など

⑦選択（前の事がらか後の事がらかどちらかを選択します。）
「または」「それとも」「あるいは」「もしくは」など

⑧説明（前の事がらについての説明を述べます。）
「なぜなら」「というのは」「だって」など

⑨要点（前の事がらに対して、要点となる事がらを述べます。）
「そのためには」「それには」など

⑩補足《ほそく》（前の事がらについて補足説明します。）
「なお」「ちなみに」「そもそも」「もっとも」

「そのかわり」「実は」「じつのところ」「ただ」「ただし」など

⑪言い換《か》え（前の事がらを言い換えます。）
「すなわち」「つまり」「要するに」など

⑫例示（前の事がらについて例を示します。）
「例えば」「いわば」など

⑬転換《てんかん》（前の事がらから話題や状況を変えます。）
「では」「さて」「ところで」「それでは」など

⑭注目（前の事がらの中から、注目させたい事がらを取りあげます。）
「特に」「とりわけ」「なかでも」「ことに」

ハイクラス　12〜13ページ

1 (1)カ　(2)キ　(3)エ
(4)イ

2 Aイ　Bア　Cウ

3 (1)イ
(2)例わたしたちが「明るい社会をきずくためには、ひとりひとりの人間の美しい心と、健康なからだとがたいせつだ。」などと考えられる理由。

4 ア

考え方

2 A最初に、という意味の言葉。B話題を転換する言葉。C前の部分をあとの部分で言いかえる言葉。

3 (1)逆接の接続語が入ります。(2)すぐ前の文を指しています。「それ」のかわりにあてはめられるようにまとめるといいでしょう。

4 「これはおどろくべき結果だった。中央海《かい》嶺《れい》を中心として、東と西にちょうど同じ割《わり》合《あい》で、海底が離《はな》れていったというのである」とあり、「中央海嶺を中心として、東と西にちょうど同じ割合で、海底が離れていった」ことがわかった原因となる「おどろくべき結果」にあたる内容が、「これ」の指し示す内容となります。

ここに注意

4 短い文の中での指示語の指し示す内容を考えるだけでなく、少し長めの文章の中でも指示語の内容がつかめるようにしましょう。指示語は、すぐ前の部分を指すことも多いですが、はなれている部分やあとの部分を指すこともあるので注意しましょう。指示語は、「これ」「その」「あちら」「どこ」など、「こ・そ・あ・ど」で始まるので、「こそあど言葉」ともいいます。ここで、指示語の使い方を整理しておきましょう。

まず、「こ・そ・あ・ど」の使い分けは、話し言葉では、次のようになります。

・「こ」＝話し手に近い物事を指す。
・「そ」＝聞き手に近い物事を指す。
・「あ」＝話し手からも聞き手からも遠い物事を指す。
・「ど」＝話し手から見えず、決まっていない物事を指す。

また、何を指すかによる使い分けは、次のようになります。

・物事＝これ・それ・あれ・どれ
・場所＝ここ・そこ・あそこ・どこ
・方角＝こちら・そちら・あちら・どちら
（こっち・そっち・あっち・どっち）
・指定＝この・その・あの・どの
・状態＝こんな・そんな・あんな・どんな
（こう・そう・ああ・どう）

4 慣用句・ことわざ・故事成語

標準クラス　14〜15ページ

1 (1)①ア　②イ
(2)①イ　②ア

2 Aイ　Bウ　Cエ

3 (1)イ　(2)オ　(3)エ
(4)ア　(5)カ

4 (1)イ　(2)ウ　(3)エ
(4)キ　(5)ク
(6)カ　(7)オ

考え方

1 (1)ことわざの内容的特ちょうについての出題です。①「ぬかにくぎ」も「のれんにうで押《お》し」も、まるで手ごたえがないことのたとえで、たがいに似た内容です。②「立つ鳥あとをにごさず」は、立ち去るときに見苦しくないようにすること。反対に、「あとは野となれ山となれ」は、何かをしたあとのことについては、どうなってもかまわない、という意味です。(2)ことわざの形式的特ちょうについての出題です。ことわざの区切れが、五七調は「五音・七音」、七五調は「七音・五音」となります。

2
A「急がば回れ」ということわざは、室町《むろまち》時代の歌が語源《ごげん》といわれています。当時、草津《くさつ》から京都に向かうには、琵琶湖《びわこ》をふねでわたる方法と、瀬田《せた》の長橋をわたって陸路を行く方法がありました。その歌は、湖をわたる危険《きけん》な近道よりも、「急がば回れ」として、安全な陸路を行くことをすすめる内容になっています。B「暑さ寒さも彼岸《ひがん》まで」とは、残暑や余寒《よかん》の厳《きび》しさも、それぞれ秋と春の彼岸（春分の日と秋分の日をそれぞれ中心とする前後三日間の計七日間）になればやわらぎ、過ごしやすくなるということです。なお、「雨降って地固まる」は、困難《こんなん》のあとには、かえってよいことが起こる、というたとえであり、「天候についての情報」ではありません。C「うりのつるになすびはならぬ」は、平ぼんな人の子どもは、やはり平ぼんである、という意味です。これと反対の意味のことわざが、「とびが鷹《たか》を生む」で、平ぼんな人がすぐれた子どもを生むことをたとえています。

3
(1)すずめは死ぬまでとびはねる習性をもつということから、人間についても同じように、小さいころのくせや習慣は、年をとってもなかなかぬけない、ということをたとえた言葉です。(2)「捨《す》てる神あれば拾う神あり」は、世の中には、見捨てる人もいれば助けてくれる人もいる、という意味です。(3)「能ある鷹はつめをかくす」とは反対の意味のことわざとして、才能のない者は、大きなことを言うという意味の、「能なし犬は昼ほえる」というものもあります。(4)故事成語です。「水清ければ魚《うお》すまず」ともいいます。(5)「桃栗《ももくり》三年柿《かき》八年」は、桃と栗は、実がなるまでに三年、柿は八年かかる、ということで、昔の人の実際の経験を、知識として伝えていることわざです。また、ここから転じて、しんぼう強くあるように、という意味も生じています。

4
(1)「たらい回し」は、たらいを回す曲芸に由来する慣用句です。(2)「水くさい」は、もともとは飲食物が水っぽく味気がないことを表していましたが、ここから、よそよそしい関係をたとえる言葉として使われるようになりました。(3)「手練手管《てれんてくだ》」は、いい意味では使われない言葉なので、注意しましょう。(4)昔は、みそはそれぞれの家庭で作っていました。自分の作ったみそが最高だとじまんすることから、じまんすることをいうようになりました。(5)「ふがいないことに、連敗してしまった。」などと用います。(6)戦国時代の「木阿弥《もくあみ》」という名前の人の話に由来する言葉です。(7)「しのぎをけずる」の「しのぎ」は、刀の刃《は》とみね（刃のついていない側）の中間で、少し盛《も》り上がっている部分のことです。そこをけずり合うように、真剣《しんけん》勝負で切り合うことから、はげしく戦うことをいうようになりました。

ハイクラス

16〜17ページ

1 (1)ウ　(2)オ　(3)イ　(4)ア

2 (1)五・ウ　(2)百・キ　(3)八・エ　(4)一・ア　(5)十・カ

3 (1)ウ　(2)ア　(3)イ　(4)エ

4 (1)カ　(2)ウ　(3)ク　(4)エ　(5)キ

5 (1)ねこ・オ　(2)たぬき・イ　(3)はち・ウ　(4)とら・エ

6 (1)ウ　(2)イ　(3)ア　(4)イ

考え方

1 (3)「雲」は天、「泥《どろ》」は地を表します。天と地ほどの大きな差があるという意味です。

2 ことわざや故事成語にふくまれる数字の部分を、しっかり覚えておきましょう。ほかにも、「一刻千金《いっこくせんきん》」「一を聞いて十を知る」「一姫二太郎《いちひめにたろう》」などがあります。

3 それぞれのことわざに表されている様子を思いうかべてみると、意味がわかりやすくなります。

4 からだの一部を表す言葉をふくむ慣用句は、

たいへん多くあります。ここでは、文の意味から、（　）にからだのどの部分を表す言葉が入るのかを考えてみましょう。

5「いぬ・ねこ・からす・へび・うなぎ・ぶた・とら」など、人間に身近な動物に関する慣用句は、数多くあります。(4)の「とらの威《い》を借るきつね」の「とら」は、もともと日本にはすんでいませんが、この言葉は中国の故事から生まれたものです。「とら」は強者、「きつね」は弱者を表しています。

6それぞれの——線の語は、以下の意味です。この意味を、それぞれあとの選択肢《せんたくし》の——線部にあてはめてみます。
(1)行くこと。(2)面目や体面。(3)見分ける力。(4)考えること。

チャレンジテスト①

18～19ページ

1 (1)あおい　(2)つのる
(3)あやかり　(4)くだい

2 (1)計　(2)古　(3)報
(4)飛　(5)和　(6)地

3 (1)ウ　(2)イ　(3)ア
(4)カ　(5)エ　(6)オ

4 イ

5 (1)ア　(2)ウ　(3)エ
(4)イ　(5)イ

考え方

1 動詞の意味と活用に関する出題です。まず、（　）に合う意味の動詞を探《さが》し、次にその動詞の形をあとの言葉とつながるように直しましょう。(1)「あおぐ」は、教えや助けを受ける、という意味。(2)「つのる」は、ますますひどくなる、という意味。(3)「あやかる」は影響を受け同じようになること。「たい」に続く形に直すと、「あやかり」となります。(4)「くだく」を「た」に続く形に直すと、「くだい」となります。

2 4ページの3と同様、よく使われる外来語についての出題です。日本語で言いかえることによって、意味を確認《かくにん》してみましょう。

3 (1)「まさか……思わなかった」が正しい言い方です。(2)「パイロットになることだ」が正しい言い方です。(3)この文に「、」(読点)を一つ入れると、かかり受けがはっきりして、だれが「泥だらけ」になったのか、わかるようになります。(4)「……たり……たり」となるのが正しい言い方です。(5)「先生が私《わたし》におっしゃった」が正しい言い方です。

4 Aは添加《てんか》の役割《やくわり》で、前の事がらに続けて後の事がらを述べる時に使います。Bは前の事がらから予想に反する内容を導くときに使います。Cは理由を表す役割で、前の文の理由を述べる時に使います。

5 (2)口をそろえて同じことを言う、という意味です。(4)じゃまをするという意味です。

物語

5 展開をつかむ

標準クラス

20～21ページ

1 (1)①オ　②エ
(2)例先生が、悪事をはたらいた「ぼく」を、自分たちの前できびしくしからないこと。
(3)ウ
(4)先生はすこしの間

考え方

1 (1)場所と登場人物に注目して、本文全体の場面の展開を考えましょう。盗《ぬす》みのことを、運動場で級友に問いつめられた場面と、受持の先生の部屋で先生に問われた場面とでは、「ぼく」が泣きだしてしまった理由は異《こと》なっています。(2)生徒たちは、ジムの絵の具を盗んだ「ぼく」をしかってもらおうとして、先生のところへ連れて行ったのです。(3)事実を相手に知ってもらいたい時に、どのようなうなずき方をするかを考えましょう。(4)この部分は、先生が、「ぼく」の行いをつらく思いながらも、だまって「ぼく」の気持ちを思いやり、成長を願っているところです。「ぼく」は、その姿《すがた》を見て、「先生を苦しめた」と、とらえたのです。本文後半の、「ぼく」と先生との二人のやりとりがえがかれている場面が、本文のクライマックスとなります。先生は、泣いている「ぼく」をしからずに、ぶどうをくれます。

ぶどうにこめられた、先生の思いやりや「ぼく」の成長を願う気持ちをとらえましょう。また、そのぶどうが、今後の「ぼく」にとって、強いいましめの意味をもったことを読み取りましょう。

ハイクラス①　22〜23ページ

1 (1)a野　b山
(2)Aア　Bウ
(3)エ
(4)ア

考え方

1 (2)優希《ゆうき》は、ほかの女子のように、ケイタの言葉を悪く受けとめませんでした。まずはおどろいて「ぼうぜん」としていたのですが、そのあとで、ケイタが自分を助けてくれた理由を気にしている様子が読み取れます。(3)直後の一文から考えます。(4)ケイタは優希を、カズヤはケイタをかばおうとして、それがうまくいかなかったという展開《てんかい》をおさえ、それぞれの気持ちを考えましょう。

ハイクラス②　24〜25ページ

1 (1)イ
(2)例 友だちが返事に困っていたので、ぼくは助け船を出した。
(3)例 大きな口でにかっと豪快に笑うこと。(17字)
(4)例 架空の綿貫真美は明るくて、ダリアみたいに笑う、クラスで人気者の女の子だから。(38字)
(実際の綿貫真美とはちがって、ダリアみたいに笑う、クラスで人気者の女の子だから。(39字))

考え方

1 (1)後の、唯《ゆい》ちゃんに話しかけられたときにも「私が困っておろおろしていると」とあります。(2)「助け船」は、困っているときに力を貸してくれるものという意味です。自分が困っているという意味で例文をつくるときは「〜助け船を出してくれた」とし、相手が困っているという意味の時は「〜助け船を出した」とします。(3)次の段落に、「健介もダリアみたいに笑う。大きな口でにかっと豪快に。」とあります。真美は「ダリアみたいな笑顔」を、早紀と健介に共通するものだと思っているので、「大きな口でにかっと豪快に。」は早紀の笑い方の説明でもあるのです。(4)前の部分に、「その子はきっと早紀《さき》ちゃんみたいに明るくて、ダリアみたいに笑う、クラスで人気者の女の子だ。」とあります。この部分の「その子」とは架空《かくう》の綿貫真美のことです。真美は、実際の自分はそうでないから、架空の綿貫真美をうらやましく思っています。

6 場面をとらえる

標準クラス　26〜27ページ

1 (1)例 手伝おうと思っていた廃品回収が終わっていたから。(24字)
(2)ア
(3)エ
(4)Aウ　Bエ　Cオ
Dア　Eイ
(5)④エ　⑤イ

考え方

1 (1)直前の相沢《あいざわ》の言葉をまとめましょう。(2)「いぶかしい」は、なんとなく疑《うたが》わしい、あやしいの意味です。(3)遠回りが苦になっていない気持ちが表れています。(4)それぞれの空らんの前後の二人の様子や行動から、ふさわしい会話文を選びましょう。また、そのときの気持ちも考えてみましょう。(5)「ぼく」の相沢に対する好意が読み取れる場面です。それぞれの――線部の動作に表れている「ぼく」の気持ちをつかむために、前後の状きょうを正確にとらえましょう。――線④のところからは、「ぼく」が二度目に相沢を振《ふ》り返っていることより、手助けをしようかためらっている気持ちが読み取れます。――線⑤のところからは、相沢が「ぼく」の申し出を素直《すなお》に受け入れてくれたうれしさや、少しでも長くいっしょに歩きたい気持ちなどが読み取れます。タ焼けの中を二人で歩く情景に、「ぼく」の幸福感が表れていることをつかみましょう。

ハイクラス①　28〜29ページ

1
(1)たとえ〜なれる（から。）
(2)例ご主人の意見に同意はできなかったが、あまりにも無邪気なご主人の様子に、うなずくしかできないという気持ち。
(3)例特製の台にのせられてうやうやしく運ばれてきたメダルが表彰台の上の選手の首にかけられるまで、すべての決まりごとが滞りなく運んでゆく場面（様子）。

考え方
1 (1)「こんなふうに大々的《だいだい》に〜」というご主人の発言に、ご主人が表彰式にどのような思いをいだいているかが書かれています。(2)「仕方なく」から、私が心からご主人の意見に納得《なっとく》しているのではないことがわかります。ご主人の雰囲気《ふんいき》に押されて、思わず「うん」と言ってしまったと解釈《かいしゃく》しましょう。(3)前部分に、メダルが運ばれてからの様子が書かれています。「滞りなく」という部分が、「苦も無く流れてゆくように」と対応しています。

ハイクラス②　30〜31ページ

1
(1)イ
(2)ア
(3)ア
(4)ウ
(5)例きょう午後の三時に、雨が降るか降らないか（という賭け）。

考え方
1 (1)場面の様子を想像してみましょう。みんなになじめない転校生のユタが、午後から雨が降り出すと偉《えら》そうに演説しました。みんながおどろくのも当然です。(2)「間の悪い」は、はずかしいような気持ちだ、きまりが悪いという意味、また、運が悪いという意味を表します。(3)ここは、ユタが偉そうに雨を予言した直後に、明るい日射《ひざ》しが照りつけてきたという場面です。——線③の表現は、景色を表すのと同時に、ユタの立場を暗示しています。「影《かげ》」が「逃《に》げるように」走ったという表現や、その前と後で状きょうが変化したことから考えましょう。(4)大作《だいさく》が登場して、場面が変化します。その登場の様子を読み取りましょう。(5)大作は、ユタに賭《か》けをすることを提案します。一つ前の大作の言葉から、その賭けの内容をまとめましょう。

読解のコツ
場面をとらえるためには、いつ、どこで、だれが、何を、どうしたかという直接的な説明だけでなく、会話文や情景描写《びょうしゃ》にも着目しましょう。そこから人物の気持ちが読み取れます。

7 会話や動作から読み取る

標準クラス　32〜33ページ

1
(1)例万一、自分の身に不幸が起きたときに不幸の手紙を出せばよかった（30字）
(2)例ナツミがマキちゃんに不幸の手紙を出したということ。（25字）

考え方
1 (1)解答らんのあとに続く文から、ナツミやマキが後悔《こうかい》するのはどのようなことが起きたときかを考えます。あとの部分に「もしかしたら〜出しておけばよかったって」というおばあさんの言葉があり、ここにおばあさんが繰《く》り返し忠告《ちゅうこく》する理由が説明されています。万一不幸なことが起きたときにどのようなことを後悔するか、と考え、解答を導き出しましょう。(2)直前の部分に、私がマキちゃんのことを疑《うたが》っていたことが書かれています。マキちゃんも同じようなことを考えていたとすると、マキちゃんが私のことを不幸の手紙の差出人だと疑っていたということになります。

ハイクラス①　34〜35ページ

1
(1)A エ　B ア
(2)ウ
(3)例二人の大切な時間が突然消えても平気でいられないから。（26字）

（突然大切なものを失ってしまうということを認めたくないから。）（29字）
(4)例 a 今は遠くに行ってるだけできっと帰ってくる（20字）
b ルーの死について自分に言い聞かせていた言葉（21字）

考え方

1 (1)文脈に合う慣用表現を選ぶ問題です。「目を丸くする」はおどろいて目を見開く場合、「鼻の奥《おく》が熱くなる」は、悲しみなどでなみだが出そうになっている場合に用います。(2)この「時間」は、ルーと居た時間のことです。直後の「ルーの気持ちで思えば、私《わたし》たちの時間はあの濡《ぬ》れた鼻で嗅《か》ぐことができたはずだ。きっとまぶしくて、きらきらした時間だったのだろう」の部分や、前の段落《だんらく》を参考に、ルーと居たころのサヤカが、今のことや先のことを考えることなく、幸せに過ごしていたことをとらえましょう。(3)サヤカは、大人たちのように、大切なものを失った悲しみを隠《かく》し、平気でいることができないと思ったのです。前後の「二人の時間が突然なくなってしまった」「私は絶対にルーの死を認めない」「平気でテレビを見て笑ってるの？」などの部分の言葉を用いるとまとめやすくなります。(4)サヤカは、ルーの死について、「やっぱり変だ。認めない。今は遠くに行ってるだけできっと帰ってくる」と考えていました。初めは老人に腹を立てていたのですが、老人が息子《むすこ》について自分と同じ言葉を言ったことに気づいて、その気持ちを理解し、老人を許したのです。大切な存在《そんざい》を失った人の気持ちを理解できるようになりかけている、サヤカの成長を読み取りましょう。

読解のコツ

場面の変化にともなう登場人物の行動や心情の変化に注意して、人物像をとらえましょう。

ハイクラス②

36～37ページ

1 (1)目
(2)イ
(3)考え性で神経がこまかくて、人にやさしい（ところ。）
(4)〈シャレ〉で全身をガードする（こと。）
(5)例 あやしい人と思われて連れていかれた交番で、自分の落語を警官たちに実演したら、わらいころげられて、「またきてください」といわれた出来事。

考え方

1 (1)「目をみはる」は、目を大きくしてじっと見る、という意味です。感動したりおどろいたりしたときに使います。(2)次の段落《だんらく》に、「お父さん」の変化が書かれています。(3)「お父さん」の本来の性格については、前の段落に、「お母さん」の意見として述べられています。(4)前の段落に、「長い年月のあいだに、お父さんは〈シャレ〉で全身をガードするようになり」とあります。「お父さん」は、(3)のようなところがある自分を、〈シャレ〉で守っていました。そのことを、「よろい」と表現しています。(5)あとの「神社の階段《かいだん》で……といったらしい」の部分をまとめます。コンテストの前の日の出来事です。「お父さん」が大わらいしていたのは、この出来事自体がおかしいのと同時に、自分の落語に対して自信がついたからとも考えられます。

8 心情をとらえる

標準クラス

38～39ページ

1 (1)ためらい（とまどい・迷い）（の気持ち。）
(2)例 自分の意志ではなく、おぬい婆さんの命令で朝顔を持って来たのだ（30字）
(3)エ
(4)イ

考え方

1 (1)朝顔を所長さんの家へ持って行くことについて、洪作《こうさく》は、柄《え》の抜《ぬ》けたひしゃくの鉢《はち》がはずかしくて、反対していました。しかし、おぬい婆《ばあ》さんに、めったに見られないような朝顔であると言われて、「持って行きたくない」、でも「持って行ってみたくもある」と、ためらう気持ちになります。(2)洪作は、貧相な鉢が気になったり、あき子に対してはずかしいような気持ちがあったりしたので、自分の意志で朝顔を持って来たのではないということを、あき子に知らせたかったのです。(3)「遠くさせる」は、ここでは現実からはなれさせる、つまり、「夢見るような思いにさせる」ことを表します。(4)「洪作のあき子に対するあこがれ」は、特に最後の段落《だんらく》から読み取れます。この洪作の心情が、本文全体の主題になっています。

ハイクラス① 40〜41ページ

1 (1)①ア
②本気で投げてない球
(2)例自分の球を本気で受けようとした豪を、野球に関係ないことを口にしてからかってしまったことが、はずかしかったから。
(3)ア
(4)エ

考え方

1 (1)豪は、巧《たくみ》が本気で投げていないことを知っていて、この発言をしています。(2)同じ段落のあとの部分の内容をまとめましょう。「まともに見られなかった」も、あとにある「顔がほてった」も、豪の恥ずかしい気持ちを表している表現です。(3)前後の文脈から、巧がほっとしていることを読み取りましょう。(2)のように、巧がはずかしさで、顔をほてらせているところに、青波《せいは》が「絶《ぜっ》妙《みょう》のタイミング」でスパイクをさしだしてくれました。スパイクをはきかえるため、巧は少しのあいだ、豪の顔を見ずにすむことになったのです。(4)巧は、野球に関係のないことを言って豪をからかったことを反省して、本気で投げようと決心しました。そのことは、同じ段落の最初にある「巧は、豪に答えるかわりに右腕《みぎうで》を大きく回した」という動作にも表れています。あてはまらない選択肢《せんたくし》を消していくと、答えやすい問題です。

読解のコツ

登場人物の行動や会話から、心情を読み取りましょう。ただし、登場人物の心情を読み取る場合には、勝手に想像をふくらませるのではなく、文章に書かれていることをもとに考えることが大切です。

ハイクラス② 42〜43ページ

1 (1)ア
(2)しりもち
(3)ウ
(4)ア

考え方

1 (1)清《きよし》は最初「ニヤニヤ笑っていた」のですが、健二《けんじ》とオッチのやりとりを見て、「清は……ふるえる声でいった」とあるように、ひるんだ気持ちになります。そして、さらに自分がおどしても落ち着きはらっているオッチの態度を見て、うろたえます。(2)直前の「こんどは健二が」に着目します。前のほうに、オッチが健二に突《つ》きとばされて、「しりもちをついた」とあります。(3)前に「オッチの目には、涙《なみだ》も、許しを請《こ》う色も浮《う》かんでいなかった」とあります。この態度にひるんだ健二は、勝利のよろこびを感じなかったのです。(4)この「誇《ほこ》らしさ」が何に対するものなのかに注意しましょう。オッチは、境内《けいだい》であったことについて、「おばあさんが何をきこうと、本当のわけを話すつもりはなかった」ので、おばあさんが何もきこうとしなかったことも、ありがたいことではありました。しかし、ここの「誇らしさ」は、そんなおばあさんに対するものではなく、境内で、四人におどされ、乱暴《らんぼう》されても、最後までしっかりした態度をつらぬいた自分に対するものです。

チャレンジテスト② 44〜45ページ

1 (1)Aエ　Bア　Cウ
(2)エ
(3)マリカのひき方
(4)例奇妙な魅力と不可思議さを持っている（という印象。）
(5)エ

考え方

1 (1)A「けっして～ない」と呼応《こおう》します。B「かえって」は、逆に、という意味です。C「まるで～ように」と呼応します。(2)「水際《みずぎわ》だつ」は、いちだんと目立つという意味です。(3)同じ段落《だんらく》の初めに、「だが、何よりもまして、そんな趣《おもむき》をかもしだすのは、あのマリカのひき方だ」とあります。(4)「今かなでられた曲と、同じ印象」であることに着目します。前の段落の初めのほうに、「奇妙な魅力と不可思議さを帯びたその曲」とあるので、この部分からまとめます。(5)本文中での、主人公の気持ちの変化を問う問題です。初め、フー子は、ピアノをひきはじめるときのマリカの態度におどろき（「異質《いしつ》のもの」「水際だって見えた」）、次に、マリカのピアノのひき方に夢中になり（「ひきつけるのだ」「その光景に吸《す》いこまれた」）、最後に、マリカが帰ってしまうと言ったので、くやしく思う（「腹立たしく、そして悲しかった」「きゅっとくちびるをかんだ」）、というように変化します。

チャレンジテスト③ 46～47ページ

1 (1)イ
(2)例 おばあさんが亡くなったと聞き、もっと早く謝罪に来るべきだったと後悔する（気持ち。）（35字）
(3)例 十六歳の夏の日にミツザワ書店で本を万引きしたこと。（25字）
(4)例 ののしられることも、帰れと言われることもなく、笑われたから。（30字）

考え方

1 (1)「頰《ほお》をはられる」とは、「顔を平手打ちされる」という意味です。おばあさんが亡くなっていたということは、ぼくにとってそれほどの衝撃《しょうげき》だったということです。(2)前の部分に「とてつもない失敗をしでかしたような気になった」とあります。ここでいう「失敗」とは、あとにある「凶悪事件……自首しにきたよう」に謝罪する相手が違うことを指します。(3)冒頭《ぼうとう》のリード文の部分で、ぼくがミツザワ書店の本を盗《ぬす》んだことが書かれています。そしてそれは、「十六歳の夏の日」であったと――線③の前に書かれています。(4)前の部分に、ぼくがどんな気持ちで頭を下げていたかが説明されています。

9 詩・短歌・俳句 作者の心情をつかむ

標準クラス 48～49ページ

1 (1)おとな (2)ウ (3)a 自由 b 二 c 明る
2 (1)ア (2)イ (3)私のまわり～った人たち（ていった人）(4)イ

考え方

1 高田敏子《たかだとしこ》の詩です。英子《えいこ》の靴《くつ》が「忘《わす》れて行ったまま」とあることから、作者と英子は、いっしょに暮《く》らしていない関係であることがわかります。おとなの靴ばかりの玄関《げんかん》に、小さな靴がおいてある情景を想像してみましょう。
2 (1)人でないものを人にたとえて述べる表現技法です。(3)「あなた」がどのような人かは、前の部分ではなく、あとの部分（最後の連）にあります。(4)問いかけの形で、その反対の意味をもたせた表現です。「～でしょうか」は「～なかった」の意味になります。

ハイクラス① 50～51ページ

1 (1)ア (2)げんげ田 (3)①その天をかけめぐる。②五つのピッコロ。
2 (1)エ (2)ア (3)・（私は）失望していた ・思い違いもしていた (4)ウ (5)エ

考え方

1 各連の「……から。／とびたつ雲雀《ひばり》。」など、同じ言葉のくり返しが、この詩にリズムを生んでいます。(1)れんげや菜の花がさいている季節なので、「春の盛《さか》り」です。(2)一行目に「げんげ田のむらさき」とあります。(3)①第三連では、雲雀が空の高いところをとび回る様子が、ほかの連では、とびたったりとびおりたりする様子がえがかれています。②「五つのピッコロ」は、美しい声で鳴く五羽の雲雀のたとえです。

2 この詩の作者の村上昭夫《むらかみあきお》（一九二七年～一九六八年）は、岩手県出身の詩人です。闘《とう》病《びょう》生活を送りながら生と死を見つめた詩を作り続け、一冊の詩集「動物哀歌《あいか》」を世に残しました。この「鶴《つる》」という詩も、「動物哀歌」に収録《しゅうろく》されています。(1)「文語《ぶんご》」とは話し言葉に対する書き言葉、文章に書かれる言葉のことをいいます。これは主に戦前まで使われていた古い仮名づかいを使ったり、「～かな」「～けり」などの古い言い回しを使って書かれたものを言います。それに対して、「口語《こうご》」とは現在私たちが使っている仮名づかい（現代仮名づかい）で、現在の言葉づかい・言い回しで書かれたものです。作文、手紙、日記、小説など、今私たちが書いている文体が口語です。「定型詩」とは、表現する音数が決められたものです。例えば、俳句《はいく》（五・七・五）、短歌（五・七・五・七・七）、七五調の詩（七・五・七・五・七・五…）、五七調の詩（五・七・五・七・五・七・五・七…）などが定型詩です。それに対して「自由詩」とは、音数にとらわれないで、自由に表現したものです。したがって、

ア文語定型詩…古い仮名づかいや言い回しで、決められた音数で書かれた詩

イ口語定型詩…現代仮名づかいで現在の言葉で、決められた音数で書かれた詩

ウ文語自由詩…古い仮名づかいや言い回しで、音数にとらわれずに自由に書かれた詩

エ口語自由詩…現代仮名づかいで現在の言葉で、音数にとらわれずに自由に書かれた詩

です。この詩はこのどれにあたるか、考えましょう。(2)ふつうの順序では、「日毎の餌《えさ》にことかかない檻《おり》のなかで／優雅《ゆうが》な姿《すがた》を見せていた鶴のことを／私は失望していたのだ」となります。(3)第二連と第三連には、(2)で説明したように、倒置《とうち》法が用いられています。それぞれの連の最後が「……鶴のことを」となっていることに着目しましょう。それぞれ前のほうに、作者が鶴のことをどう思っていたかが書かれているので、字数に注意してぬき出しましょう。(4)「たわわ」は、重みでしなやかに曲がっている様子を表します。「枝もたわわに柿《かき》の実がなっている。」などのように用います。(5)正解の選択肢《せんたくし》**エ**「そこから聞こえていたのだ」の「そこ」に、直前の第四連の内容をあてはめてみましょう。そうすると、この詩の最後の連が、最初の連と対応して、鶴についての作者の確信を表すことがわかります。

ハイクラス② 52～53ページ

1 (1)ウ (2)イ (3)エ (4)月見草 (5)オ

2 (1)Aウ Bア (2)エ (3)例 冬が来たことを喜び、冬の厳しさの中で自分をきたえようとする気持ち。

考え方

1 (2)匂《にお》いがする理由として、あとに「きっと高原の方を走りまわって／きたからにちがいない」とあります。高原にかかわる匂いのするものとして、そこに咲《さ》く「月見草」の「花粉」を選びます。

2 (1)A第一連の内容から、完全に冬になっている状きょうであることが読み取れます。B手ですりこんで中までしみこませるのに合う言葉は「きりきりと」です。また、第一・二連の冒頭《ぼうとう》が「き」となることでリズムが整うことに気づくと答えやすくなるでしょう。(3)生き物にとって厳しくつらい季節である冬に対して、「僕《ぼく》に来い」と呼びかけていることから考えましょう。

読解のコツ

①②詩には、リズムを整え、想像をふくらませる工夫がされています。作者になったつもりで、詩を味わってみましょう。そして、作者はどんな気持ちでいるか、また、どんなことに感動しているのかを、読み取りましょう。

10 短歌・俳句

標準クラス

54～55ページ

1 (1)イ (2)ア (3)イ (4)イ (5)ウ

2 (1)りんご (2)エ (3)イ

3 (1)イ (2)エ

4 (1)ウ (2)オ (3)ア (4)エ

考え方

1 作者は、都で雨を見ながら、そのころ馬鈴《ばれい》薯《しょ》の花が咲《さ》いている故郷《こきょう》のことを思っていることが「雨を思へり」から読み取れます。馬鈴薯（じゃがいも）は、五月中旬《ちゅうじゅん》から六月にかけて、花が咲きます。

2 (2)「星空」から、晴れわたっていることがわかります。(3)アの俳句《はいく》の季語は「さざんか」で、冬の季節を表します。イの俳句の季語は「朝顔」で、秋の季節を表します。朝顔は現代では夏の風物詩ですが、秋の訪れを告げる花です。かつて旧暦《きゅうれき》の時代、日本人はこの花に秋の訪れを感じていたのです。ウの季語は「夕ざくら」で、春の季節を表します。エの季語は「すみれ草」で、これも春の季節を表します。

3 音数と解釈《かいしゃく》の面から、（　）に入る言葉を考えましょう。短歌の定型は五・七・五・七・七音です。(1)の短歌の最後の句（七音）は、「いる（　）」の部分で、（　）には五音前後の言葉が入ることがわかります。選択《せんたく》肢の中で、五音のイ「あたたかさ」を入れてみて、解釈の面からも検討《けんとう》してみましょう。作者は、実際は寒くても、「寒いね」というちょっとした問いかけに同感してくれる人が身近にいることに、「あたたかさ」を感じている、と解釈できます。(2)も同じように考えてみましょう。一つ一つの選択肢を（　）に入れてみて、合わないものを消していってもよいでしょう。

4 すべて有名な短歌・俳句《はいく》なので、何回も声に出してよみ、覚えておきましょう。

ハイクラス①

56～57ページ

1 (1)ウ (2)をのせおり (3)ひとつずつ頭の上に (4)イ (5)①ク ②エ ③ウ (6)オ (7)帰って来た

2 (1)エ (2)ア (3)ウ (4)ク (5)キ

考え方

1 (4)遠足の帰りには、どんな気分でいるでしょうか。あとの「希望」と「元気」に合うものを選びます。(5)①最初に、という意味で、②前の意見の問題点があとに続いているので、逆接の接続語が入ります。③本文の最初の段落《だんらく》の「次の短歌の（　）の中に入る言葉は何でしょうか」という問題提起《ていき》に対する答えとなる段落であることから考えます。(6)「フワフワと浮《う》かべて帰って来た」ものとして、また、「やさしくなった子供《こども》たちの気持ち」にふさわしい言葉を選びましょう。(7)短歌の中には、「遠足より帰り来る」とあります。また、前の文を補足する内容の文であることに気づけば、前の文の「帰って来た」が抜き出せます。

2 それぞれ次のような色の名を選びます。字数もヒントになります。(1)雪にうつった空の色。(2)かぼそい煙《けむり》の色。(3)冬の日没《にちぼつ》後の空に残っている光の色。(4)夕日に光る銀杏《ぎんなん》の色。(5)藤《ふじ》の花の色。

ハイクラス②

58～59ページ

1 (1)例下に向かってうなだれているかたち。 (2)イ (3)例上から花を覗くと不可思議な渦の模様が見える点。 (4)ウ

2 (1)イ (2)ウ

考え方

1 (1)短歌の中の言葉を参考にして、「天に向かって」いるかたちと反対のかたちを答えます。(2)短歌に「真直ぐに歩いてきたとは言はねども」とあり、文章中に「『言はねども』と言いつつ」とあります。「～つつ」は逆接を表し、あとには前と反対の内容が続くので、イ「真直ぐに歩きたい」かウ「真直ぐが好きだ」が入ると考えられます。さらに、その気持ちを持ってきたということが「自負」になるのは、ウ「真直ぐが好きだ」よりイ「真直ぐに歩きたい」という気持ちであると判断できます。(3)チューリップの「意外な側面」は、直後の段落《だんらく》に、具体的に説明されています。

2 どちらの短歌にも、子どもの姿が描《えが》かれています。(1)子どもを素材として、夕暮《ぐ》れの情景を描いています。最後の「夕焼小焼《ゆうやけこやけ》」という言葉は、古いわらべうたからとったといわれています。(2)子どもを素材として、春のおとずれを喜ぶ作者の気持ちを描いています。最後の「春となりけり」が、作者の感動の中心となるところです。

読解のコツ

2 短歌・俳句を味わうには、作者の感動の中心をとらえることが最も大切です。短歌も俳句も、短い詩なので、一つ一つの言葉を大事にしながら、作者が何にどのように感動しているのかをつかみましょう。

チャレンジテスト④　60～61ページ

1 (1)ウ (2)ア (3)①例各行の終わりの二・三音が、次の行の始まりになっている（というおもしろさ）。 ②木の

2 (1)イ (2)ウ (3)（順に）いのちの真実・生きてゆくことの勇気

考え方

1 この詩で用いられている言葉の遊びに気づきましょう。(1)一行目の「かえる」は、漢字で書くと「帰る」です。(2)降《ふ》ったりやんだりしていることや、「蛙《かえる》」が登場することから、この雨は「春雨《はるさめ》」であると考えられます。(3)①どのような言葉の遊びかを、「面白さ」として説明しましょう。②前行の「一滴の（いってきの）」に着目します。その音と重なる言葉で、かつ、あとの「……上から雨粒《あまつぶ》ふり」に続いて意味が通る言葉は「木の（きの）」です。

2 (1)前に、「よく見ると一匹《いっぴき》だけは、その鼻を杭《くい》にあてがって休んでいるよ！ って驚《おどろ》いているんですね」、あとに「ほんとうにおもしろいですね」とあることから、「たのしい発見」を選びます。(2)あとの「暗く悲しい句」「こういう不幸な句」という見方に合う、蜂《はち》の様子や作者の感じ方が述べられているものを選びます。

11 論説文 構成を知る

標準クラス　62～63ページ

1 (1)Aイ Bエ Cア Dウ (2)改良木材と呼ばれるもの（11字） (3)木というも～ではないか (4)自然 (5)ウ (6)あタテ割り いヨコ割り うタテ割り (7)①最上（上・最優） ②中 ③総合

考え方

1 (1)A順接なので、「だから」。B逆接なので、「だが」「一方」。C前の部分の理由があとに続くので、「なぜなら」。D前の部分を受けて、あとでまとめるので、「総じて」。(2)すぐ前の文にあります。(3)すぐあとの文の「それ」に注目します。「それ」は「一つの疑問《ぎもん》」を指し示しており、あとに疑問の内容が書かれています。(4)文脈から、三つの空らんに共通して入る言葉を考えましょう。「木というものは自然の形のまま使ったときが一番よくて」の部分から、「自然」をぬき出します。(5)すぐあとの文に「それは……実は思いあがりの面があったことが、

いま反省されているのと同じ事情ではないだろうか」とあることに着目します。「思いあがり」と「同じ事情」なので、「過信」があてはまります。⑹項目《こうもく》別の上下だけを問題にするのが「タテ割り」の評価法、全項目の上下の様子を横のつながりで見て、総合的に問題にするのが「ヨコ割り」の評価法です。木や木綿・絹《きぬ》などの生物系の材料は、「タテ割り」の評価法では最優秀《ゆうしゅう》ではなくても、「ヨコ割り」の評価法では優《すぐ》れた材料だと述べられているのです。⑺⑹の考え方で述べたようなことを、問題の提示文に合うように、本文中の二字以内の言葉をぬき出して答えます。木の「抽出《ちゅうしゅつ》した項目」の評価については、直前の段落《だんらく》にくわしく述べられています。「強さ」「保温性」「遮音性《しゃおんせい》」は、「抽出した項目」の例です。（①）・（②）に入る言葉は、直前の段落から探《さが》しましょう。

ハイクラス①

64〜65ページ

1

⑴①ネジは、藤
②レオナルド・ダ・ビンチ

⑵「捻」→ねじる（という意味）
「子」→小さなもの（を表す接尾《せつび》語）

⑶テコ

⑷エ

⑸ア・ウ

考え方

1 ⑴あとのほうの「ネジの歴史が面白《おもしろ》い」以《い》降《こう》の「ネジの歴史」について書かれている部分からとらえましょう。最初に「ネジは、藤の木……思いついた、といわれている」とあり、この「思いついた」は発明したということなので、これが「ネジの発明」の紹介《しょうかい》にあたります。また、ネジの歴史に関わる人名としては、「アルキメデス」と「レオナルド・ダ・ビンチ」が出てくるので、どちらが何をした人なのか、しっかりおさえましょう。⑵直後の段落《だんらく》にこれらの字の意味が説明されています。⑶あとの、ネジの歴史の説明の中に、明治以前の日本で、ネジの代わりに使われた道具の例が書かれています。「日本では、酒を絞《しぼ》るのにネジは使われず、テコに重石《おもし》をのせていた」とあります。⑷あとの部分には、前の部分と同じネジの歴史についての話題が並《なら》んでいるので、「また」を選びます。⑸**イ**については、本文の第三段落で「ネジがなかったら……それほど大切な部品である」とあり、「使われなくなる」とは述べられていないので、あてはまりません。**エ**については、ネジの歴史のところで、「ヨーロッパでは紀元前から……すでにネジが使われていた」とあるので、「二百年前にネジが発明され」たのではありません。**オ**については、「ネジの歴史が面白い」「歴史を知ると親しみが増す」とあるので、あてはまりません。

読解のコツ

説明的文章については、その題材に対する読み手の知識や興味も、読解にえいきょうをあたえます。自分の知識や興味から、文章中の用語についてイメージをふくらませたり、内容を予測したりすることで、読解の速度も速まり、理解も深まります。いろいろな知識を身につけ、さらに、このような読解の機会を多く持ちたいものです。

ハイクラス②

66〜67ページ

1

⑴大腸菌などに汚染されている水（14字）

⑵水道

⑶エ

⑷いざという災害

⑸ア

⑹ウ

考え方

1 ⑴「世界的にみても、六〇億の人口のうち、約二割《わり》にあたる十一億人が、安全な飲み水が入手できない状態です」という、この一文の前の段落に、アフリカでの「安全な飲み水が入手できない」水利用の様子が述べられており、「大腸菌《だいちょうきん》などに汚染《おせん》されている水を使わざるをえない地域もたくさんあります」とあります。⑵直前に「目の前の川水や井戸水を利用していた時代、日本でも水は『近い水』であった」とあります。この「近い水」にあたる「川水」「井戸水」に対する、「遠い水」にあたるものを考えましょう。同じ段落《だんらく》の初めの一文「今、日本人が日常生活で使う水のほとんどは水道です」から、「水道」をぬき出します。(3)直前の「そのこと」は、水を管理する組織が生活から遠くなることを表しています。水を管理する組織の遠さが原因となり、また、あとの文にあるような、「環境《かんきょう》に対して無責任な感覚」につながるのは、どのような意味での水の遠さでしょうか。選択肢《せんたくし》の中から探すと、「精神」としての遠さであることがわかります。(4)直前の段落には、「『遠い水』は……いざという災害などに弱いシステムでもあります」とあり、阪神《はんしん》・淡路《あわじ》大震災《だいしんさい》の例が述べられています。――線③のある段落では、そのような「万一の時」、「近い水」を使っているアフリカのチェンベ村ではどうか、ということが述べられています。(5)同じ段落のあとの部分に、どのような「安心感」かが書かれています。
(6)本文の構成は次のようになっています。
・序論《じょろん》（最初の段落）…アフリカでの、井戸や自然水を水源《すいげん》とする水利用の様子を述べている。
・本論（最初と最後の段落の間にある段落）…「いわゆる先進国」での、水道による水利用の様子を述べている。また、水道を「遠い水」とし、アフリカの「近い水」と対比させて、その問題点を述べている。
・結論（最後の段落）…二十世紀をふりかえって、「水文化のもつ社会的意味」を考える、という課題を提起している。
この構成をふまえて、それぞれの選択肢の内容が本文に合っているかを考えましょう。日本での「遠い水」の問題点にあたる**ウ**が正解となります。

12 キーワードをつかむ

標準クラス 68〜69ページ

1 (1)Aエ　Bオ
(2)①かすかな葉ずれの音（9字）　②ウ
(3)エ

考え方

1 (1)Aには逆接の、Bには付け加えるはたらきの接続語が入ります。(2)①「このような、かそけき音」とは、「わが屋戸《やど》の……」の歌によまれている音です。その直後の一文「夕風にそよいで、かすかな葉ずれの音をたてている群竹《むらたけ》」の中の言葉をぬき出します。②同じ段落《だんらく》のあとの部分と、それに続く二つの段落で、日本人の「かそけき音に惹《ひ》かれる心の姿《すがた》」について、くわしく述べられています。「それが『音』だったからではない。『静けさ』だったからなのだ」「静かさというものは、そこに音がくっきりと浮《う》かびあがることによって『静寂《せいじゃく》』となる」『音』と『静寂』のこよなき調和の場こそ、日本人の愛した生活の空間であり、暮《く》らしの時間だった」などの部分に着目し、**ウ**を選びます。(3)日本の現代の文明・文化が静寂を騒音《そうおん》にかえてしまった理由は、前後の段落から推定《すいてい》することができます。文明・文化は便利さのための施設《しせつ》をつくりだし、その施設が発する騒音が、日本人から静寂をうばってしまったのです。つまり、「静寂を便利さというものと交換《こうかん》してしまった」ということになります。
なお、本文のキーワードは、「静寂」であると考えられます。

ハイクラス① 70〜71ページ

1 (1)ウ
(2)エ
(3)エ
(4)例たえまがないこと。
(5)ア
(6)ⓒ知りたくない　ⓓ努力

考え方

1 (1)まず、「よい入門書」について書かれた部分にある、（C）に入る言葉から決めていくとわかりやすくなります。あとに「なぜそのことを知らないままで今日まで済《す》ませてこられたのか」とあるので、「知らない」が入ります。ここから、同じく「よい入門書」についての説明の中にある（A）にも「知らない」が入り、逆に、「ろくでもない入門書」についての説明の中にある（Ｂ）には「知っている」が入ると判断できます。(2)「努力」と似た意味であり、「怠惰《たいだ》」と反対の意味である言葉が入ります。「苦労」も近いですが、より適切なのは「勤勉《きんべん》」のほうです。それぞれの言葉の意味を正確にとらえましょう。(3)「知りたくない」ことの例として、子どもにとっての親の説教が取り上げられています。選択肢《せんたくし》の中から、直後の段落《だんらく》にある、子どもが、知らないでいるための努力としてすることを選びましょう。(4)文脈と、「不断」という熟語《じゅくご》の構成を手がかりに、正確な意味を答えましょう。「不」は下の言葉を打ち消す言葉です。「断」は、「た(つ)」と訓読みするように、たえる、たつという意味です。(5)前の段落にあるように、子どもは、親の説教を聞かないように、常に「努力」しています。もし「努力」せずに、「不注意で怠惰」であるならば、反対の事態が起こってしまいます。それは、「ついうっかりして、親の説教を最後まで真剣《しんけん》に聞いてしまった」という事態です。(6)前のほうに、「私たちがあることを知らない理由はたいていの場合一つしかありません。『知りたくない』からです」「『知らずにいたい』というひたむきな努力の成果です」とあります。最後の段落では、これをくり返し、強調しています。

ハイクラス② 72～73ページ

1 (1)例もう帰って休みたい（9字）
(2)例伝染
(3)ⓐキュウー ⓑキャア ⓒキュウー ⓓキュウー
(4)異口同音
(5)例鳥たちの統一した行動は、すぐれたリーダーによってではなく、ある気分が強くなった鳥の行動をきっかけにして起こるから。

考え方

1 (1)前のほうにある、「さあ、そろそろ帰ろうよ、とだれがいいだすのだろう」「どの鳥もそろそろ休みたい、眠《ねむ》りたい、という生理的気分になってくる」などの部分の中にある言葉を用いて、鳥の「意向」を表す表現としてまとめましょう。(2)――線①の部分から、気分が他に伝わるという意味の熟語《じゅくご》が入ることをとらえましょう。(3)「キュウー」は家へ帰ろう、「キャア」は遠くへいこうという意味の呼《よ》び声です。(4)まず、ここでは、鳥たちのほとんどが「家へ」という思いで、「キュウー」と鳴いていることをおさえましょう。この場面にふさわしい四字熟語は「異口同音《いくどうおん》」で、みんなが同じことを言うこと、意見が一致《いっち》することという意味です。(5)リーダーによってではなく、どのようにして鳥たちの行動が起こるのかをまとめます。「その気分の強くなった鳥から、次々《つぎつぎ》と飛び立つ」「鳥たちが何かしようとするときは、彼らの間にこのような生理的気分が『（Ｂ）＝伝染』してゆき、その結果、群れ全体がそろって、たとえば巣に帰るという統一された行動をとりうることになる」の部分や、ユリカモメとコクマルガラスの具体例から、簡潔《かんけつ》にまとめましょう。

読解のコツ

説明的文章の読解では、キーワード（重要語句）を見つけることがたいせつです。くり返し出てくる言葉に注意しましょう。このキーワードは、筆者の最も述べたいことに関連する言葉であったり、話題そのものであったりします。

13 事実と意見を見分ける

標準クラス 74～75ページ

1 (1)Aア Bウ Cカ Dイ
(2)水田と集落があり、里山の向こうに奥山が控えている（風景）
(3)奥山に入る
(4)里山は人～域とする

考え方

1 (1)Aは、前の思い込《こ》んでいた内容にあとの驚《おどろ》いた内容が続いているので、逆接「ところが」が入ります。Bは、前に付け加える内容があとに続いているので「さらに」が入ります。Cは、文末の「〜でしょうか」という疑問の表現と呼応《こおう》して理由を問う副《ふく》詞《し》「なぜ」が入ります。Dは、前で日本人のライチョウへの態度を述べ、これと比較《ひかく》して、あとに「欧米《おうべい》では」と続いているので、「これに対し」が入ります。⑵「日本の原風景」とは、ここでは「昔からの日本の姿をあらわす風景」ということです。本文の第二段落《だんらく》に、その風景がえがかれています。⑶すぐあとの段落の最初に、古来の日本人のライチョウへの態度について、筆者が推測《すいそく》して述べている一文があります。日本人は、奥山に入ることをタブー視《し》していたことから、その最も奥にすむライチョウをも神聖視《しんせいし》し、とらえなかったので、日本のライチョウは人間を恐《おそ》れなくなったということです。⑷「日本文化と深くかかわっている」理由をとらえるには、日本文化について書かれている、本文の最初の二段落に着目します。日本のライチョウが人を恐れないことは、「里山は人間の領域《りょういき》として大いに活用するのに対し、奥山は神の領域とする、日本文化の基本的な自然の利用形態」と関連するので、「日本文化と深くかかわっている」といえるのです。

ハイクラス① 76〜77ページ

1 ⑴イ
⑵成長期の子
⑶見た目がか〜いった風潮
⑷③親がきちんとした知識を持つ（こと。）
　④子供ときちんと向き合う（こと。）
⑸例かわいい（きれい・すてき）

考え方

1 ⑴本文の最初の一文に、「来院する子供《こども》たち」とあります。なお、本文は、筆者が医師の立場から、子供の化粧《けしょう》やアクセサリーによる皮膚《ひふ》の健康被害《ひがい》の事実と、それに関する意見（主に親の役割《やくわり》についての提案）を述べた文章です。⑵直後の段落で、このような子供の健康被害（「おしゃれ障害《しょうがい》」）について、理由もふくめて、くわしく説明しています。「成長期の子供は、体ができあがっている大人と違《ちが》ってまだ肌《はだ》が薄《うす》く、……」の部分が、理由となります。⑶最後の段落にあります。はなれているので、注意して探《さが》しましょう。「外見だけを気にし」と「見た目がかわいければ」、「過剰《かじょう》なおしゃれに走ってしまう」と「少々《しょうしょう》無理してもいい」、「傾向《けいこう》」と「風潮《ふうちょう》」のように、各語句が対応していることを確認《かくにん》しましょう。⑷これらの問題についての筆者の提案は、最後の二つの段落で述べられています。それぞれ、二つの段落の最初の一文から、解答らんの字数に合わせてぬき出します。⑸前にある「何のためにおしゃれをするのか、そのおしゃれは本当に必要なのかと、踏《ふ》み込んで話」す場合に、言ったほうがいいと筆者が考える言葉の例を挙げましょう。「生まれたままのあなたが一番（　）」は、直後に「と言ってやることも大切だ」とあることから、マイナス面ではなくプラス面で、子供を納得《なっとく》させる言葉です。それにふさわしい言葉にしましょう。

ハイクラス② 78〜79ページ

1 ⑴氷河を調査〜調べるため
⑵ウ
⑶例・森（の木）が減った（こと。）
　・ゴミが出た（こと。）
⑷エ
⑸例村人たちから直接タキギを買い付け、目の前に積まれていくタキギの多さと、それを運んでいく子供たちを見たこと。

考え方

1 ⑴筆者たちがランタン村に来た理由は、第二段落《だんらく》の最初に、「僕《ぼく》たちは、氷河を調査することによって、この地球の気候や環境《かんきょう》がどう変化しているかを調べるためにランタン村に来たのだった」と書かれています。指定の字数に注意しましょう。⑵選択肢《せんたくし》のうち、本文中から読み取れる内容が書かれているものを探《さが》します。「ヒマラヤの厳《きび》しい自然に慣れていないよそ者」とは、筆者たちの調査隊のことです。この段落から、筆者がヒマラヤの自然について、「限度があるもの」ととらえていることが読み取れます。また、筆者たちがランタン村にいた間に、森の木が切られたことや、電池・プラスチック・金属などのゴミが出たことなどから、多くの生活物資を消費しながら暮《く》らしていたことがわかります。(3)前のほうに、「ランタン村の人たちは切らなくてもいい木を切り、自分たちの森を減らしてしまった」「僕たちが来てこんな調査をしなければ、こんなゴミは出なかった」とあります。この二点を、「引き起こされた」こととして、まとめましょう。(4)まず、あとに「でもそれは、自分が知りたいから、そうするのである」と逆接で続いていることから、ウ「易しい」はあてはまりません。さらに、「そのために、まわりはどうなってもいいのだろうか?」と続くので、ア「苦しい」ことやイ「難《むずか》しい」ことのために、というのではなく、エ「楽しい」ことのために、であることがわかります。(5)本文の最後の段落に、筆者が科学に対して疑問《ぎもん》をいだいたきっかけが書かれています。

なお、本文では、前半で、筆者たちのランタン村での調査が自然環境の破壊《はかい》につながってしまったという事実が、後半で、その事実に基づく筆者の意見（科学について疑問に思ったこと）が、中心に述べられています。

14 要旨をとらえる

80～81ページ

標準クラス

1 (1)エ
(2)③必要な情報や知識（8字）
④手がかりていどの目安（10字）
(3)例楽しんで、忘れる（8字）
(4)イ

考え方

1 (1)やめてみて、筆者が気づいたことは、本文の最後の段落《だんらく》に、「楽しんで、忘れてもいい……どういうテーマで、どういう思考の回路が、どの本の、どのかしょにあったのかの、りんかくくらいはきおくの片《かた》すみに残っているのです」と書かれています。(2)「それ」の指している内容は、多くの場合、すぐ前の部分にあります。ここでもすぐ前の部分から、字数に合わせて、ぬき出しましょう。(3)直前の「学んで、覚える」とは対照的な言葉が入ります。すぐあとの段落にある「しかし、みょうなもので、楽しんで、忘れてもいい、と思ったとたん……」の部分の言葉を用いて、字数に合うようにまとめましょう。(4)本文の要旨《ようし》は、考えるためには忘れることも重要である、ということです。この問題では、その理由を問うています。「この決心以来、書物に対する関係が、うんと楽になりました」「しかし、みょうなもので、楽しんで、忘れてもいい、と思ったとたん、書物は、重要かしょは、反対に、忘れがたいものになったのです」などの部分から、理由を読み取りましょう。

ハイクラス①

82～83ページ

1 (1)例（順に）温度・明るさ・気象（気候）
(2)人間の自己～働きをした（きをした。）
(3)イ
(4)例昔のものが変わらずにあるシーンに出会った時の、シミジミするような（気持ち。）（32字）
(5)イ

考え方

1 (1)家のそうした効果については、その前の文章に具体的に述べられています。ここから読み取れることを、提示された文の解答らんに合うように、ある程度一般化《いっぱんか》した言葉にして答えます。「冬は暖かく、夏は涼《すず》しく」から快適な温度を、「陽が落ちて暗くなっても炉《ろ》には火が燃えている」から快適な明るさを家が維持《いじ》することがわかります。また、「風も雨も雪も入ってこない」から気象や気候状きょうから暮《く》らす人を守ることがわかります。(2)本文の要旨となる内容について問う問題です。本文は、「家」をキーワードとして、その役割《やくわり》について、特に、家が果たした「人の心や精神にとって、きわめて重要な役割」について述べた文章です。どんな「役割を果たした」かについては、最後の段落で、「人間の自己確認《じこかくにん》作業を強化する働きをした」とまとめています。また、それが「家」の一番大事な役割なのではないかと述べています。この最後の段落の内容が、本文の要旨です。(3)前の「狩《か》りが終わると獲物《えもの》をもって決まった家に帰る」場合の例として、あとに「鮭《さけ》狩り」のことが述べられているので、「たとえば」が入ります。(4)「懐《なつ》かしい」という気持ちについては、同じ段落のあとのほうで、「懐かしいという心の動きは……犬は古い犬小屋を振《ふ》り返ってシミジミするようなことはしない。人間が、昔のものが変わらずにあるシーンに出会った時に、この感情が湧《わ》いてくる」と説明されています。この部分から、「どんな時のどういう気持ち」という指示にそって、「～気持ち。」に続くようにまとめましょう。(5)本文の第三段落に「農耕・牧畜《ぼくちく》が始まってからでも、狩猟《しゅりょう》は併行《へいこう》して続けられていたが」とあるので、イの「狩猟は行われなくなった」は誤《あやま》りです。なお、**エ**の「精神的にも成熟《せいじゅく》していくことになった」は、人間が「自己確認作業」を強化するようになったことを表しています。

読解のコツ

説明的文章を速く正確に読み取るには、キーワードをつかみ、要旨をとらえることが大切です。くり返し出てくる言葉や、文章の終わりの部分に着目しましょう。

ハイクラス② 84～85ページ

1
(1)人生
(2)ⓐエ　ⓑカ
(3)イ
(4)自信
(5)B自分　C自分
　D他人　E他人

考え方

1 (1)第一段落に、「……まざりあって、人生をつくる。それは、ひとつのドラマだ」とありますが、ここの「それ」は、「人生」を指しているので、「人生」が「ドラマ」だと述べていることになります。(2)前後の続き方から、ⓐには逆接、ⓑには順接の接続語が入ります。(3)「人生」を「ドラマ」と見立てた中での、たとえの表現です。舞台《ぶたい》の「道具だて」は人の環境《かんきょう》、「芝居《しばい》の筋《すじ》」はいろいろな出来事のたとえと考えられます。(4)（A）のある一文は、直前の一文「そうした自分の大事さを信じることが、自信というものだと思う」をくわしく述べているものです。(5)「自分」の大事さについて述べている前の部分とのつながりから、最初の空らんには「自分」が入ることがわかります。あとの空らんについては、接続の表現に注意しながら、「自分」か「他人」を入れ、文意が通るようにしましょう。

チャレンジテスト⑤ 86～87ページ

1
(1)海は危険だ～つけてきた（から。）
(2)今までのし～ない柔軟さ
(3)ウ
(4)Bサル　C人間
(5)Dイ　Eオ
(6)例年をとると、柔軟な思考と深い理解を持つことができないから。

考え方

1 (1)第一段落《だんらく》にある「この群れは海へは入らない、という文化を持っていた」では、字数が合いません。もっとあとのほうに、カミナリが海に入らない理由がより具体的に書かれている部分「カミナリにすれば、海は危険《きけん》だから入ってはならない、という習慣を身につけてきた」があるので、ここからぬき出します。保守的なカミナリが海に入らない理由は、最初、群れのサルが海に入らなかった理由と重なります。(2)(1)のカミナリが海に入らない理由のすぐ前に、「子ザル」＝「少年少女期の若《わか》いサルたち」が、「海に入る」というような「新しい行動を開発していく」理由が述べられています。(3)一見、**ア**「うらやましそうに」や**エ**「つらそうに」でもよさそうですが、海に入るという、カミナリにとって「危険」で「愚《おろ》かな行為《こうい》」によって、子ザルたちが自分の大好物のピーナツを食べてしまう姿を見ているカミナリの様子を考えましょう。それをより的確に表しているのは、ウ「いまいましそうに」です。(4)文頭の「つまり」は、前の部分を言いかえたり説明したりする場合に用いる接続語です。よって、前文の「岩の上のリーダーと海の中の若いサルたちの構図から、人間社会での大人と子供の関係について、いくつかの教訓を得ることができる」を言いかえた内容になるように、ふさわしい言葉を探《さが》します。(5)文脈に合う慣用句を考える問題です。相いれない関係は、「水と油」の関係にたとえます。(6)人間の特性として「できる」ことが、サルにとって「できない」ことにあたります。

チャレンジテスト⑥　88～89ページ

1
(1) 例 科学技術が急速に進歩・発展し人工的な環境で暮らしている中で、自然から離れた生き方が（当たり前になったから。）（41字）
(2) 例・地球が宇宙の中に浮かび、生きものが存在する一つの星であること。（31字）
例・すべての生きものは共通の祖先から生まれ、ヒトもその一種であること。（33字）

考え方

1 (1)直前に「……暮らしが日常になった」とあります。この「日常になった」の部分を、解答らんの「当たり前になった」と対応させ、どのような暮らしや生き方が当たり前になったのかを考えます。「人工的な環境」は、文中では「空調をした高層《こうそう》ビルが並《なら》び、終夜灯火《よもすがらともしび》で明るい街」と表現されています。(2)あとの段落に、「そこで明らかになったのは地球のあり様だった」とあります。この「地球のあり様」とは具体的にどのようなことを表すかを考えましょう。また、それと時を同じくして生物学分野で明らかになったことが最後の段落に書かれています。「人間は地球上に暮らす……生きものの一つであり、すべての生きものは……共通の祖先から生まれたものである」を制限字数内でまとめましょう。

いろいろな文章

15 微妙な心理

標準クラス　90～91ページ

1
(1) 例 心平が仕留めたヤマメをヒロシが巻き上げようとするのを、英蔵に止めてほしかったから。
(2) ウ
(3) 例 好きな小百合と同じ絵画教室に通っていることをいわれ、うれしいような、はずかしいような気持ち。
(4) （英蔵に）腰を小突かれ（て、びっくりし）たから。
(5) 例 英蔵は、小百合が好きなので、小百合と一緒にいる心平がにくらしかったから。

考え方

1 (1)小百合は、英蔵と同じ絵画教室に通っています。また、本文全体から、英蔵は、以前から小百合に対して好意的な態度であったことが予想されます。そのため、小百合は英蔵に、暗に助けを求めたのです。(2)英蔵は、はずかしいので、わざとこのようないい方をしたのです。(3)うれしいような、はずかしいような微妙《びみょう》な気持ちだったので、あとにあるように「そのことをみんなに悟《さと》られたくなかった」のです。(4)直後の二文にその時の事情が書かれています。(5)あとに「小百合と一緒にいると決まっていやがらせを受けるのだった」とあることに注目します。英蔵が心平に「意地悪」「いやがらせ」をする理由を、小百合と心平のそれぞれに対する気持ちをおさえて、まとめましょう。

ハイクラス①　92～93ページ

1
(1) 例 取り引きが成立したら、私を母のところに送りかえすという約束。
(2) ウ
(3) 息
(4) ウ
(5) ア
(6) 例 一番泣きたいときに素直に泣けず、わさび漬けなどの力を借りて泣くような泣き方。

考え方

1 (1)すぐ前の部分をまとめます。「私」は「ハル」、「母」は「母であるキョウコ」「おかあさん」などとしてもかまいません。(2)「どぎまぎ」は、落ち着きを失って、あわてる様子を表します。(3)文脈をふまえ、慣用句を完成させる問題です。「息を飲む」は、おどろいてはっとするという意味です。「予想ができなかった」状態で、父に「ただ一つ、問題がある」と切り出されたので、おどろいて、息をとめたのです。(4)「私」は、おとうさんの言った「問題」が、自分の意見はどうか、ということであると思い、おとうさんと逃《に》げる決心を固めていたのです。そこに、「問題」は「電車に乗る金がない」ことだと言われて、自分と父の意識の大きなちがいに、「めまいを感じた」のです。(5)(4)で説明したように、「私」は、おとうさんと「逃げよう」、つまり「帰りたくない」と思っていました。それをおとうさんに伝えられないまま、その場に取り残されてしまい、もどかしくてたまらなかったのです。(6)「私」の、おとうさんと逃げたい、家に帰りたくないという気持ちは、おとうさんに通じませんでした。悲しくて泣きたいはずなのに、すぐには泣けず、わさび漬けを食べることによって、涙がとまらないほど泣きました。何かの力を借りてしか泣けず、そのことを笑ってしまうという、「私」の微《び》妙《みょう》な心理を読み取りましょう。

ハイクラス② 94〜95ページ

1 (1)例音がしないのに、聞こえたように感じること。
(2)イ
(3)樺島が望む
(4)ウ
(5)イ

考え方

1 (1)操《みさお》が、ここで、「空耳《そらみみ》だろうと思った」音、つまり、聞こえたように感じた音は、あとで出てくる「水琴窟《すいきんくつ》」が、ほんの少し鳴った音です。(2)「からかう」、「ひやかした」とは、それぞれ直前の会話文の言葉のことです。これらの言葉は本心からのものではなく、親しさのあらわれであると考えられます。このようなふたりの関係を操がどう思っているのか、本文の前書きも参考にしながら考えましょう。(3)操にとって樺島《かばしま》は、頼《たよ》りになる、強い友情を感じる存在《そんざい》です。(4)唐津《からつ》の言葉は、沈黙《ちんもく》のあとでとつぜんのものだったので、操はしばらく、その言葉の意味を考えていたのです。(5)転校生の操の学校生活の力になってくれたことや、文中の「樺島が教室でのときのように引き立ててくれた」から、樺島が気配りのできる人物であること。また、操や唐津のほか数人のクラスメートが見舞《みま》いに来ていることから人望があることが、読み取れます。あてはまらない選択肢《せんたくし》を消していってもいいでしょう。

16 日本語

標準クラス 96〜97ページ

1 (1)Aオ　Bイ
(2)途方もなく
(3)エ
(4)この道具〜てやろう（と思うから。）
(5)イ

考え方

1 (1)A「楽しい」にかかる言葉です。B「説明書を読み進むにつれて、小さな絶望を味わうことになる」のはなぜかを考えます。逆にという意味の「かえって」を選びます。(2)「べら棒《ぼう》」は、異常《いじょう》にひどい様子を表します。「べら棒なほど」とほぼ同じ意味で使われている言葉は、「途方《とほう》もなく」です。どちらの言葉も「構えの大きな言葉」にかかっています。(3)直前に「目の前に購入者《こうにゅうしゃ》や使用者がいると思召《おぼしめ》してペンをお執《と》りになってはいかがか」とあることから考えます。つまり、説明書は、作者の立場ではなく、読者（道具の購入者や使用者）の立場に立って書くということを、筆者はすすめています。アは、本文中に「ていねいな言葉づかいで」とは書かれていないので、誤《あやま》りです。(4)ある道具の説明書を「じつに熱心に読む」のは、その道具を使えるようになりたいからだと考えられます。本文中から、その気持ちを表現している言葉を、字数に注意して探《さが》しましょう。初めのほうに、「この道具をうんとみごとに使いこなして、すこしばかり得をしてやろう」とあります。――線部と離《はな》れたところにあるので、見落とさないようにしましょう。(5)「説明書にもっともよく表われる」ような「日本語の『実力』」はどのようなものかを考えます。ア「表現力」よりもイ「伝達力」のほうが、より適切です。

ハイクラス① 98〜99ページ

1 (1)ア
(2)お持ちし
(3)好意の〜の理解
(4)エ
(5)好意の押し売り

考え方

1 (1)それぞれ、「移る」と「動く」、「学ぶ」と「習う」という、似た意味の漢字を組み合わせた熟語《じゅくご》です。(2)この場合、「持つ」という自分の動作をへりくだって言う敬語《けいご》表現（謙譲語《けんじょうご》）である「お持ちする」を用います。「〜ましょうか」に続く形を答えます。(3)「〜てあげましょうか」は、話し手と受け手の間に、あらかじめ何がなければ不適切な言い方になってしまうのか、または、何があれば適切な言い方になるのかを考えます。最後の段落《だんらく》に、「好意のやりとりに関する共通の理解があって初めて成立する表現」とあります。(4)直前の文にあるように、言葉の使い方によって相手に悪い印象をあたえることを、「致命傷《ちめいしょう》になりかねない」と、筆者は述べています。直前の文の内容が具体的に説明されている選択肢《せんたくし》を選びましょう。(5)「〜てあげましょうか」「〜てあげる」「〜て差しあげる」などの使い方の難《むずか》しさ、相手に不快感をあたえてしまう理由は、「相手のためにしている行為をちょっと『恩着《おんき》せがましい』感じに言う表現になってしまう」からです。この「ちょっと『恩着せがましい』感じ」は、最後から二つ目の段落で「好意の押《お》し売り」と表現されています。

読解のコツ

「日本語」についての説明的文章の中には、「敬語」をテーマとしたものが数多くあります。人間関係と敬語の使い方に関して、日ごろから問題意識を持つようにしましょう。

ハイクラス② 100〜101ページ

1 (1)人と仲良く
(2)「あなた〜の気持ち（を表す働き。）
(3)方言
(4)例先日あなたにお目にかかったときに、失礼なことをしたかもしれない。もしそうだったらおわびする（45字）
(5)例私が乗ってきたから、あなたは立たなくてはならなくなって、おわびする。（34字）

考え方

1 (1)「日本人の間には、和という精神、これが一番大切にしなくてはいけないことだという教えがある」の部分と、聖徳太子《しょうとくたいし》の十七条憲法《けんぽう》の「和をもって尊《とうと》し為《な》し」について説明された「人と仲良くすること。同じ意見を持つこと。これが一番必要だというのが日本人の考えの根底にある」という部分とでは、ほぼ同じ意味を表しています。(2)「ね」という言葉の働きについて、最もくわしく述べられている部分を、指定字数を参考にして探《さが》しましょう。(3)「方言」と「共通語」については、「日本語」に関する知識として持っておくようにしましょう。(4)あとにある「先日あなたに……もしそうだったらおわびする」の部分をまとめましょう。(5)「先日は失礼しました」というあいさつのときの気持ちである「先日あなたに……もしそうだったらおわびする」を参考に、バスで席をゆずってもらって「すみませんねえ」と言うときの気持ちをまとめてみましょう。ここでの「先日は失礼しました」や「すみませんねえ」は、日本人が謝ることを尊重《そんちょう》することを表す言葉の例です。

17 自然・環境

標準クラス 102～103ページ

1 (1)Aイ　Bウ　Cア
(2)①今よりも資源の消費量をへらす（こと。）
②人びとが環～になること
③ウ
(3)①例人間のかしこさ（7字）
（人間がかしこいこと（9字））
②イ

考え方

1 (2)本文では、地球環境《かんきょう》について考えるときに大事なことを、ふたつに分けて述べています。まず、ひとつめの大事なことについての部分では、先進国と途上国《とじょうこく》に分けて、それぞれの生活の様子や今後の取りくみや必要なことを述べています。ふたつめの大事なことについては、「地球環境を考えるとき、もうひとつ大事なことがあります。」の一文で始まる段落《だんらく》で述べています。(3)①「何」を向けるのかは、直前の「人間はかしこい動物です。今まで、かしこいことを便利な生活を追い求めることに向けてきました」からとらえます。②「わたくしたちが資源《しげん》をつかいすぎたり、環境をわるくしすぎると、あとから生まれてくる人びとが生きるのはむずかしくなります。現在だけでなく、将来《しょうらい》の地球環境も守るようにしなくてはなりません」や「地球に生きるすべての人びとと、さらにはあとで生まれてくる人びとのことも考えたいものです。それが、地球を大事にすることなのです」などから読み取りましょう。

ハイクラス① 104～105ページ

1 (1)①「キャー～どうこと
②ますます～に振舞う
(2)（順に）人間が怖い・無駄な争い
(3)例カラスが営巣している木。
（カラスの巣がある木。）
(4)ア

考え方

1 (1)カラスの例を取りあげて、してはいけない逃《に》げ方と、その逃げ方に対するカラスの行動について述べられています。(2)――線②の二文あとに、「自分も人間が怖《こわ》いからであるし、無駄《むだ》な争いは避《さ》けたがるものなのである」とあります。(3)前のほうにある、カラスの攻撃範囲《こうげきはんい》について述べられている部分の言葉を用いてまとめましょう。「カラスの攻撃範囲は、一般《いっぱん》に縄張《なわば》りの範囲とされているから、営巣している木などを中心にふつう五〇メートル以内、たいていは一〇～二〇メートルの距離《きょり》である」とあります。(4)カラスが人間を攻撃するのは、最初の段落に書かれているように、自分の身や子ども・卵《たまご》・巣《す》を守る、という理由があるからです。また、「カラスの場合はクマとちがって、攻撃といっても最悪でも頭を蹴飛《けと》ばされる程度で命には別状ない」、「カラスだって悪い鳥ではない」などから、カラスの攻撃はたいして危険《きけん》ではないということがわかります。したがって、この二点について書かれている**ア**が正解となります。

ハイクラス② 106～107ページ

1 (1)①ウ
②例人間の寿命をものさしにして、自然界の寿命を考えた（から。）（24字）
（自然界における一五三年間を長い時間ととらえた（から。））（22字）
(2)A人間　B人間
C自然　D自然
(3)例人間にとって便利な社会にするための自然開発が、自然破壊を伴ってしまうということ。

考え方

1 (1)あとに「〝朝おきて歯を磨《みが》くまでの短い時間に、一回のくしゃみもしないからといって、もう風邪《かぜ》がなおったのだ〟ときめこんだ」という表現がありますが、これは、「鳥海山《ちょうかいざん》が激《はげ》しい活動をしてから一五三年の間に、一回の噴火《ふんか》もしないからといって、もう噴火しないのだときめこんだ」ことをたとえています。つまり、ニュースの発信者は、人間の寿命《じゅみょう》をものさしにして一五三年間を長い時間ととらえたため、「鳥海山はもう噴火しない」と思いこんでいたのです。⑵昭和《しょうわ》新山の誕生《たんじょう》や鳥海山の噴火と、それに対する人間の反応をふまえた、筆者の「最近の人たち」に対する見方が述べられている部分です。ここまでの文脈から、筆者が、自分たちの知恵や力を過信し、自然の力をあなどっている人間を批判《ひはん》していることをとらえましょう。⑶「必要悪」とは、悪いことではあっても、社会生活などのために、やむをえず必要となる物事のことです。ここでの「必要悪」は、「自然破《は》壊《かい》」を指します。

ハイクラス③　108〜109ページ

1
⑴宣戦布告
⑵Aエ　Bア
⑶例ドラミング（という両手の平で交互に胸をたたく動作）
⑷ウ・エ

考え方
1 ⑴例えば、「A国はB国に対して宣戦布告した」のように使います。⑵A「やっと〜分かるようになった」という文になります。それまで解明されていなかったことが、ようやく明らかになったという意味です。B「かえって」は反対に、むしろ逆に、という意味。友達を失わないうえに、その逆の「仲良くなる」という状態になれるかもしれないという文になります。⑶前の部分では「ドラミング」について書かれています。「オスの」、「メスや子どもの」、と限定せずゴリラのドラミング全般を指していることに気づきましょう。⑷前の段落《だんらく》に、「ゴリラは勝ち負けを決めずに、第三者が仲裁《ちゅうさい》に入ることによって対等性を維持《いじ》する。」とあることから**ウ**が正解。次の段落に「ゴリラのように自分より弱い仲裁者であっても言うことを聞いてメンツを保つ。」とあることから**エ**も正しいとわかります。

ハイクラス④　110〜111ページ

1
⑴仕切り
⑵ア
⑶ほえる・飛びかかる・尾をふる
⑷①例闘争している犬が、戦っているのが嬉しくて尾をふるということ。
②感情が激した結果

考え方
1 ⑴ジョンがこのかっこうをしているのは、「私《わたし》が両手を突《つ》いて仕切っている間」、「仕切りの間」のことです。⑵「私は時にはジョンが飛び付いて来た時、転んでみせるとジョンは大喜びで私の回りを跳《は》ね回った」とあることから、筆者がわざとジョンに負けてやったことがわかります。また、「怒《ど》鳴《な》ったりした」という行動などから、わざと負けてやりながらも、ジョンの嬉しそうな様子を見て、少し腹を立てている筆者の気持ちが読み取れます。⑶あとの「たしかに犬は怒《おこ》った時、ほえたり飛びかかったりするが、嬉しい時もほえたり飛びかかったりするし、嬉しい時に尾をふるが、怒って攻撃《こうげき》する時も尾をふる」にある言葉を用いましょう。⑷人間が悲しい時だけでなく嬉しい時やおかしい時に涙を流して泣くのと同様に、犬が闘争中に尾をふるのは、嬉しいからではなく「感情が激した結果」であると述べています。

チャレンジテスト⑦　112〜113ページ

1
⑴例ゴマフアザラシの赤ちゃんは生まれたその日から泳ぐことを、人間が知らなかったこと。
⑵未来
⑶例自分の身の回りの出来事の中に、いつも疑問点を探し出そうとしているということ。
⑷イ
⑸「わからな

考え方
1 ⑴――線①「それ」は、前文の「それを人間が知らなかった」こと、を指しています。

この前文の「それ」の内容を明らかにして、答えましょう。前文の「それ」は、前段落《だんらく》の内容を指しています。(2)「現在」は、「過去」と何の間の一瞬《いっしゅん》なのでしょうか。「過去」の対義語である「未来」を答えます。(3)同じ段落のあとのほうにあるような「疑問を持つ癖《くせ》」が身についていることを、「常にアンテナを張っている」と表現しています。(4)今の子《こ》どもたちに「科学者の芽」が育たない理由は、「なぜなら、インターネット……」の一文に述べられています。昔の子供たちが「科学者の芽」を持っていた理由としては、これと反対の内容の選択肢《せんたくし》を探します。(5)最後の段落が、本文の要旨《ようし》となっています。

総仕上げテスト① 114～117ページ

1
(1)イ
(2)ア
(3)母例親に育ててもらったように、今度は自分が子どもを育てること。(29字)
私例年老いた母の世話をしながらいっしょに生活すること。(25字)

2
(1)大人になるための準備期間
(2)例・定職に就いていなくても結婚することができること。
例・定職に就けなくても、そこそこの収入が得られること。
例・修業感覚で何らかの技術を身につける必要がないこと。
(3)例大人としての義務や責任がなく、自由だから。

3
(1)ウ
(2)例感受性をたいせつにして生きてほしい。
(人のせいにせず、自分で責任をもって生きてほしい。)

考え方
1 (1)「後ろ指を指す」は、後ろから相手の事を指さして悪口をいうことです。(2)母の言葉で、「いくら大事なものを持ってても、もっと大事なものができれば、先に持ってたものは手放さなきゃならない。」とあります。この場合の先に持っていた大事なものは母のことで、もっと大事なものは、私(正文)の仕事と家族のことです。つまり、私にとって一番たいせつなのは仕事と家族なのだから、自分(母)のことで悩《なや》む必要はないと伝えたいのです。(3)これまでの母と私のやりとりから、「親孝行《こうこう》」の概念《がいねん》が二人の間で異《こと》なっていることをふまえて解答します。
2 (1)モラトリアムについての説明は数カ所ありますが、筆者がこの文章の中で定義している「モラトリアム」は「このように、大人になるための準備期間としてのモラトリアムが、大きく様変《さまが》わりしたのだ。」の部分に書かれています。(2)傍線《ぼうせん》部の次の段落から具体的な記述があります。解答は一例なので、同じ内容が書けていれば可とします。(3)「大人としての義務や責任はないが自由」は傍線部の直前に書かれています。「モラトリアムを抜《ぬ》け出さない」ことでどのような利点があるのかを読み取ります。
3 (1)「感受性」は、外部からの刺激《しげき》や印象などに反応し、心が動かされることです。(2)詩のメッセージが最後の三行にこめられています。「自分の感受性くらい／自分で守れ」は、自分の感受性をたいせつにしてほしいという作者の思いになります。

総仕上げテスト② 118～120ページ

1
(1)ⓐ雑誌 ⓑ功績 ⓒ講演 ⓓ精製
ⓔ専門 ⓕ定説
(2)過去に積～する姿勢
(3)例発見は純粋な好奇心に導かれたもので、応用は考えていなかったから。(32字)
(4)光ります。
(5)真理
(6)でも
(7)例八五万匹のオワンクラゲを採集し、イクリオン発見の十年以上後、フォトプロテイン発光素を証明したこと。(49字)
(8)イ

考え方
1 (2)——線①の直後「それは……」の部分で、科学的に考えることの説明があります。
(3)——線②の直前に、下村《しもむら》博士がどのような心持ちで研究に取り組んでいたのかが書かれています。⑷ぬけている一文は「ところが」と逆接を表す語から始まるので、この一文と逆の内容のあとに入ることがわかります。「ホタルやウミホタルはこの反応で光ります。」とあるのが、逆の内容で、オワンクラゲにはこの考えが適用しなかったため、独自で研究を進めることになったのだと話が展開《てんかい》していきます。⑸冒頭《ぼうとう》から三行目に、「平らな心で真理を追究しようと」することが研究だと書かれています。

⑹「たしかに……」で、いったん予測される反論を示したうえで、「でも……」以下で自分の意見を主張するという表現手法を用いています。⑺「下村博士がその仕組みを発見したのは、……」で始まる段落《だんらく》に、手段…「採集したオワンクラゲの数はなんと八五万匹《ひき》」、時間…「それから十年以上経《た》ってから」とあります。⑻川端康成《かわばたやすなり》は、一九六八年、日本人初となるノーベル文学賞を受賞しました。大江健三郎《おおえけんざぶろう》は、一九九四年、日本人として二人目の受賞者で、カズオ・イシグロは、二〇一七年受賞の日系《にっけい》イギリス人です。